司法部 2024 年法治建设与法学理论研究
部级科研项目（"培育国际一流律师事务所系列问题研究"）
阶段性研究成果

REVIEW OF THE REGULATORY
FRAMEWORK FOR LEGAL SERVICES IN
ENGLAND AND WALES

FINAL REPORT

英格兰和威尔士法律服务规制框架审查报告

[英]戴维·克莱门蒂(DAVID CLEMENTI) ◎著
王进喜 ◎译

中国政法大学出版社
2025·北京

声　明　1. 版权所有，侵权必究。
　　　　2. 如有缺页、倒装问题，由出版社负责退换。

图书在版编目（ＣＩＰ）数据

英格兰和威尔士法律服务规制框架审查最终报告 / (英) 戴维·克莱门蒂著；王进喜译. -- 北京：中国政法大学出版社, 2025. 1. -- ISBN 978-7-5764-1598-8

Ⅰ. D956.1
中国国家版本馆CIP数据核字第2024KJ4282号

书　名	英格兰和威尔士法律服务规制框架审查最终报告 YING GE LAN HE WEI ER SHI FA LV FU WU GUI ZHI KUANG JIA SHEN CHA ZUI ZHONG BAO GAO
出版者	中国政法大学出版社
地　址	北京市海淀区西土城路25号
邮　箱	fadapress@163.com
网　址	http://www.cuplpress.com （网络实名：中国政法大学出版社）
电　话	010-58908435(第一编辑部) 58908334(邮购部)
承　印	固安华明印业有限公司
开　本	880mm×1230mm　1/32
印　张	6.25
字　数	120千字
版　次	2025年1月第1版
印　次	2025年1月第1次印刷
定　价	39.00元

前　言

致宪法事务大臣：

1. 我很高兴提交我对英格兰和威尔士法律服务规制框架的审查报告。

2. 我于 2003 年 7 月 24 日被任命，进行审查的权限范围是：

> "研究在一个高效、有效和独立的法律领域内，怎样的规制框架最能促进竞争、创新和公众及消费者的利益。
>
> 推荐一个能独立代表公众及消费者利益、全面、可问责、一致、灵活、透明，而且不会有任何明显不合理的限制或者负担的框架。
>
> 在 2004 年 12 月 31 日之前提出建议。"

3. 本审查报告严格遵循我在 2004 年 3 月发表的《协商文件》中提出的问题的顺序。[1]该文件提出了许多问

---

[1] Review of the Regulatory Framework for Legal Services in England and Wales, A Consultation *Paper*, 8th March 2004.

题，背后有三个特别的关切：

1) 对当前规制框架的关切。在宪法事务部 2003 年 7 月发表的题为"法律服务市场的竞争和规制"的报告中，其得出结论认为，当前的规制框架"过时、死板、过于复杂、问责制或者透明度不够"。我在 18 个月的审查期间所获悉的任何东西都没有使我怀疑政府结论的广泛有效性。当前的制度是有缺陷的。部分问题的原因是，主要一线职业团体治理结构不适合它们面临的规制任务。另一个原因是，现有一线规制团体的监督规制安排制度过于复杂和不一致：事务律师协会的许多职能都受掌卷法官的监督；出庭律师公会的大部分工作，以及持照产权转让人理事会和法务员协会的工作由宪法事务部监督；移民服务专员办公室受内务部监督；特许专利代理人协会由贸易和工业部监督；大主教特许法院办公室（Faculty Office）由坎特伯雷大主教监督。[1] 该规制体系没有明确的目标和原则；制度对消费者利益考虑不足。改革一直是零碎的，经常会进一步增加不一致性。复杂性和缺乏一致性导致一些人将当前制度称为迷宫。[2]

2) 对当前投诉制度的关切。人们对消费者投诉

---

〔1〕 大主教特许法院办公室是公证人的一线规制者。

〔2〕 Ann Abraham, in the Annual Report of the Legal Services Ombudsman 2001/02 entitled: The Regulatory Maze.

的处理方式存在相当大的关切。这种关切出现在多个层面：在操作层面，存在制度运行效率的问题；在监督层面，人们担心监督机构的权力重叠；而在原则层面上，由律师自己运作的律师投诉制度能否赢得消费者信任，是个问题。大量对《协商文件》的回应表达了对现行做法的不满。

3) 对当前商业结构的限制性的关切。据以向公众提供法律服务的商业结构，在相当长的一段时间内几乎没有变化。最容易辨认的结构是商业街的事务律师，他们要么自己执业，要么与其他事务律师合伙执业。但是商业做法发生了变化。特别是已经发展出了开展现代法律实务所必需的技能；但是，虽然具有财务或者 IT 技能的人可以担任律师事务所的管理委员会成员，但是他们不得担任该企业的负责人。人们还担心主要法律职业机构的限制性做法是否仍然合理，特别是那些阻止不同类型的律师在平等基础上一起工作的做法。代表消费者利益的人以及法律职业的许多人，特别是为法律实务自由化提出强有力理由的事务律师协会，都施加了变革的压力。

4. 上述关注点之间存在关系。例如，阻碍新商业结构的困难之一是当前框架不容易对此类结构进行规制。过去，政府曾宣布支持新的商业结构；如前所述，本审查报告的目的之一是提出适当的规制框架。

5. 权限范围两次包括"独立"一词。我推断第一个"独立"要求法律职业独立于外部影响，特别是政府的影响；第二个"独立"要求建立一个独立的规制框架，以代表受规制的公众和消费者的利益。法律职业的代表对《协商文件》的回复让我最常留意第一个"独立"。我判断两者都很重要。

6. 根据权限范围，审查寻求一种鼓励竞争的规制方法。多年来，政府立法的本质朝向这个方向，即鼓励不同类型的律师之间进行更大的竞争。1985 年《司法法》允许持照产权转让人在产权转让市场上与事务律师竞争。1990 年《法院和法律服务法》使事务律师能够获得在上级法院的出庭发言权，而这以前是出庭律师公会成员的独有权利；从那时起，另外两个职业团体被允许授予其成员有限的出庭发言权。如今，大约有 2000 名事务律师拥有在上级法院出庭发言的权利；大量的诉辩——主要是在下级法院，但是越来越多的在上级法院——是由事务律师进行的。与此同时，还有大量的出庭律师，例如就税务或者产权转让事务提供咨询的出庭律师，其工作与许多事务律师相似。出庭律师公会和事务律师协会的文化明显不同；但是，尽管它们可能仍然是不同的职业团体，它们不能被视为不同的职业。

7. 在此背景下，有不少观察人士怀疑我是否会建议出庭律师公会与事务律师协会合二为一。这样的举措在教育等领域将带来好处，并将缓解一些现有的规制和竞争问题。但是我不会在本审查报告中提出这样的建议，因为我认为重叠性的职业团体之间的合并问题，或者就此而言，现有职业团体内的分拆问题，是这些团体本身及其成员的问题。规制框架需要能够适应合并或者分拆。它还需要认识到，虽然出庭律师公会和事务律师协会是法律服务行业的重要组成部分，但是该制度还需要虑及其他团体，特别是法务员协会、移民服务专员办公室、特许产权转让人理事会、特许专利代理人协会、商标律师协会和公证人协会。我注意到特许专利代理人协会和商标代理人协会在各种问题上进行了合作；它们就《协商文件》提交了一份联合回应，不能排除它们在某个时候可能会选择合并它们的组织。

8. 如果本审查报告有利于律师之间更大的竞争，那么它也试图允许不同类型的经济单位之间的竞争：例如，单独执业者、在出庭律师工作室的律师、无限合伙、有限责任合伙和公司之间。每种类型的经济单位都有优点和缺点。我不认为一种经济单位总是比另一种经济单位能更好地服务于公众和消费者的利益。本审查报告支持一个允许高度选择的规制框架：消费者可以选择他去哪里寻求法律服务，律师也可以选择于他据以工作的经济单位类型。

9. 在这场辩论中，区分促进性建议和强制性建议很重要。本审查报告在商业结构领域的主要建议旨在进行促进。虽然我接受这一点，即单独执业者身份与出庭律师工作室制度相结合，作为一种提供诉辩服务的方式具有优点,并且我也接受许多事务律师采用的合伙模式具有显著优势,但是我不接受这一点,即不允许提供法律服务的其他结构。

10. 虽然很明显,当前制度中的律师之间存在竞争,而本审查报告中的建议旨在增强这种竞争,但是我了解到,某些律师不喜欢被描述为某行业(industry)的一部分。他们认为,作为职业人员的律师与作为商人的律师之间存在冲突。在我看来,认为存在重大冲突的想法是不合时宜的。近用司法不仅需要提供合理的法律建议,还需要具备以消费者友好的方式提供具有费效比的服务所必需的商业技能。在对法律服务不满意者的调查总结[1]中,消费者协会评论道:"不满意的最大原因是拖延。根据一位受访者的说法,'走产权转让这条路会更快'。成本问题也排名很高:'我们觉得我们从一开始就在成本问题上被误导了。'"研究表明,源于糟糕的商业服务的投诉不亚于源于糟糕的法律建议的投诉。如果某些律师继续拒绝他们在进行商业经营的概念,则此类投诉将继续存在,直到他们确实歇业为止。

11. 成本问题是一个重要的问题:高质量的法律服务对社会很重要,但是如果其只提供给非常富有的人或者由国家付费的人,则价值是有限的。在开发业务系统以最小

---

[1] *Regulating Legal Services*, *Point of Law* Campaign Briefing, Which? October 2004.

化成本同时保持高标准的过程中,律师没有理由不与具有其他技能的人一起工作,例如在金融或者信息技术领域有技能的人;本审查报告提出了旨在促进这一点的建议。在提议旨在鼓励具有费效比的做法的改革时,无论是在提供的法律建议的质量方面,还是在执业者的伦理标准方面,都没有降低标准的建议。

12. 当前的规制制度包含一些基于职业团体的规制,以及一些基于特定服务的规制。虽然强烈转向基于职业的规制制度或者基于服务的规制制度在执行上是有条有理的,但是它会付出代价,并且可能仍然会有一定程度的混杂性。本审查报告中建议的规制重点转变,即重点转向对经济单位的规制,而不是对各个律师的规制。这对于将来自不同背景的律师聚集在一起的新商业机构的规制尤为重要;但是,它也与一些现有的法律执业机构相关,在这些执业机构中,规制重点需要与个人一样多地放在实务管理和制度上。

13. 在宪法事务部 2004 年 5 月 26 日关于王室法律顾问(QC)问题的声明[1]中,政府提出了任命王室法律顾问的过渡性安排。它还建议进行一项长期的市场研究,以评估如何"帮助消费者为自己选择最好的法律服务"。政府的声明接着说:"然后将对过渡性计划进行审查,看它是否与克莱门蒂的建议和市场研究的任何结果一致。"本

---

[1] DCA press release, 26th May 2004.

审查报告未研究王室法律顾问制度；但是它确实提出了一个规制框架，在该框架中，规制者可能会对该制度的运作方式感兴趣。鉴于第A章中讨论的规制者的目标，规制者可能想了解授予"风筝标志"的目的是什么；最近修订的据以选择候选人的制度的公平性；为什么在一个强调独立性的职业中，"风筝标志"最终要由国家而不是职业本身授予；以及整个制度的运作是否符合公共利益。

14. 本审查报告所研究的问题，使用了与《协商文件》中相同的章节标题（从A到F）。

15. **第A章**建议，定义规制制度的第一步应当是明确该制度的目标是什么。本章提出了该制度的六个主要目标。这些将是规制者必须据以确定适当规制行动的目标；据以问责的目标。本章还着眼于应纳入规制安排的法律戒律或者原则，例如律师对委托人的责任。

16. **第B章**讨论了围绕符合权限范围的规制制度设计的关键架构问题；它着眼于《协商文件》中列出的不同模式的争论。它还着眼于不同模式的成本。本章的结论是，规制职能最好由基于《协商文件》称为模式B+的模式来处理。该模式规定设立一个监督规制者，即法律服务理事会（LSB），赋予其规制权力，它可以将权力下放给所认可的一线团体，如果它对一线团体能力感到满意，并且已经就治理问题和规制与代表职能之间的区分作出了适当的安排的话。本章讨论了事务律师协会和出庭律师公会目前的治理安排，并得出结论认为它们不适合其面临的规制任务。

17. 第 C 章的重点是投诉机制。它审视了当前制度存在的问题和可能的解决方案。本章的结论是，出于独立性、简约性、一致性和灵活性的原因，应当采用一个独立的投诉机构来处理所有消费者投诉。法律投诉办公室（OLC）将独立处理个人投诉，但是其需要与法律服务理事会密切合作，以确保规制监督能够最大限度地减少源头投诉。法律投诉办公室将成为单一规制框架的一部分，而法律服务理事会则是该规制框架之首。

18. 有关职业行为的问题，包括惩戒行动，将移交给一线团体。第 C 章的总体结论是，一线规制者的惩戒制度运作良好，可以大体上保持原状，只进行少量改动。

19. 第 D 章关注的是法律服务理事会（LSB）的治理和问责制问题。它提议成立一个由 12 至 16 名成员组成的理事会，主席和首席执行官均为非律师人员。它就如何进行此类任命提出了建议。它规定了与相关方协商的安排，并解释了法律服务理事会如何对议会、部长、公众和执业者负责。它评论了对规制者决定的上诉程序；它考虑了如何为规制系统提供资金。

20. 第 E 章提出了定义和规制缺口问题。该章包括对法律服务"外圈"的广泛定义；然后对保留的法律服务这一"内圈"进行了定义，该服务只能由获得授权的人执行。它讨论了在外圈服务方面出现的不对称性，这些服务如果由事务律师等执业者提供，则在受规制的网络之内，但是如果由一线团体以外的执业者提供，则不受规制。它建议应当由政府来确定规制网的范围，并提出了在伴随任何变化的相关成本/收益分析中将采用的标准。

21. 第 F 章审视了替代性商业机构的许可问题。法律行业执业机构（LDPs）是汇集了来自不同团体的律师为第三方提供法律服务的法律执业机构。本章建议，应当允许非律师人员成为此类执业机构的负责人或者"管理人"，但是必须遵守律师应在管理团队中占多数的原则。它还建议应允许外部所有权，但是要达到"所有权适当性"标准以及要有围绕管理执业机构的人员的身份及其所采用的管理制度建立的许多保障措施。在英格兰和威尔士，在提供持照产权转让服务的法律执业机构中，已经允许外部所有权；建议在有保障措施的情况下，现在在法律服务市场的其他领域允许外部所有权。

22. 在对法律行业执业机构的规制中，第 F 章建议规制制度的重点应当放在经济单位，而不是律师个人身上。获得认可的一线规制团体将向法律服务理事会申请授权规制指定类型的法律行业执业机构 P；法律服务理事会将根据获得认可团体在特定法律服务领域的能力以及获得认可团体的治理和管理安排来决定每项申请。

23. 第 F 章还考虑了多行业执业机构（MDP）。这些执业机构将律师和其他职业人员聚集在一起，为第三方提供法律和其他服务。此类执业机构存在相当多的问题，特别是规制范围问题，因为法律服务理事会将没有法律领域以外的管辖权。如果在随后的某个时刻确定有适当的保障措施来允许这种执业机构，那么为法律行业执业机构建立规制制度将是迈向多行业执业机构的重要一步。

24. 将第 A 章至第 F 章中提出的建议结合起来，形成了我对新框架的建议。我认为这个框架将代表目前存在的"过时、不灵活、过于复杂和问责或者透明度不足"的制度取得了相当大的进步。建立法律服务理事会这样的单一的监督规制者，独立于目前许多监督职能所在的政府部门，并将一线团体的规制职能和代表职能分开，应当能提供一个独立于政府的框架，促进竞争和创新，包括在替代性商业结构领域。通过赋予法律服务理事会明确的规制目标，要求它就任何重大决定进行协商，并坚持向议会等机构报告，它应当是一个透明和可问责的规制者。通过赋予法律服务理事会对所有现有一线团体的权力和认可新团体的权力，该制度应当能够保持一致、全面和灵活。在许多方面，特别是通过法律服务理事会（作为将消费者保护纳入其法定目标的规制者），以及通过法律投诉办公室（作为独立于现有职业团体的单一投诉机构），新制度应当能更好地服务于公共和消费者利益。成本分析表明，法律投诉办公室作为一个单一的投诉机构，与目前拥有众多投诉处理和监督机构的制度相比，可能会节省一些费用。加在一起，法律服务理事会和法律投诉办公室不应给该制度带来比当前安排更大的成本负担。

研究和调查工作

25. 在得出这些观点时，我考虑了大量已发表的关于法律服务领域运作的研究和调查工作。我认为其中一些特别相关：例如，宪法事务部于 2003 年 7 月发布的本审查报告之前的《范围界定研究》[1] 中的研究工作，以及消费者协会于 2004 年 7 月和 2004 年 10 月以摘要形式 [2] 发布的调查。

26. 本审查报告委托进行了两项研究。第一个由 MORI 执行，与本审查报告同时发布。[3] 第二个涉及本审查报告涵盖的不同规制模式的成本影响。2004 年 6 月，我任命安永会计师事务所开展这方面的工作。它们的报告可见于附录 3。

过　程

27. 现在说一说我在达成建议时所遵循的过程。如上所述，我于 2003 年 7 月 24 日被任命。2004 年 3 月 8 日我发表了《协商文件》，并要求利益相关团体在 6 月 4 日之前回复。在为期 12 周的咨询期间，规制审查小组在英格

---

[1] Annex B to *Competition and regulation in the legal services market* CP（R2）07/02 DCA，July 2003.

[2] op. cit. and *Which*? July 2004.

[3] 可见于我们的网站：www.legal-services-review.org.uk.

兰和威尔士举行了多次会议：班戈、伯明翰、布里斯托尔、加的夫、埃克塞特、利兹、林肯、伦敦、曼彻斯特、纽卡斯尔和诺维奇。此外，我们还参加了其他团体组织的许多会议，其中一些会议是由事务律师协会在区域中心组织的，另外两次是由高级司法机关安排的。

28. 我收到了 265 份对《协商文件》的回复。它们有多种来源：具有规制职能的现有团体和个人；为消费者代言的组织；律师；学者；以及公众成员。总的来说，他们提供了大量证据，我在形成我的建议时使用了这些证据。我要感谢那些不厌其烦地为辩论做出贡献的人，特别是那些自己不在法律服务领域的人。受访者名单可见于附录 1。

29. 我利用 6 月 4 日以来的这段时间与主要的利益相关方就一些问题进行了跟进。这些利益相关方包括事务律师协会和出庭律师公会，我应当补充说，我得到了这两个机构的礼貌和合作。

30. 我也与我在 2004 年 3 月 8 日宣布的咨询小组详细讨论了这些问题。小组成员有：StephenLocke、Baroness Neuberger DBE、Neil Rickman、Edward Walker-Arnott、Graham Ward CBE 和 Robert Webb QC。我要感谢他们在过去几个月中提供的大量帮助。正如我在发布报告时所指出的那样，我仍然对这些建议负全部责任。

31. 我也非常感谢与我一起进行审查的团队，特别是秘书 Sheila Spice，她为确保按时交付报告而不懈努力。毫无疑问，有些人会说我们错过了一些问题；但是我相信，在团队的努力下，部长们需要做出决定的关键高层问题已经经过适当的协商和应有的谨慎考虑。

接下来发生什么？

32. 接下来发生的事情是部长们的事。虽然一些律师会继续称，现行制度"没有崩溃"，但是我相信有强有力的证据表明需要对这些进行重大改革：(ⅰ) 规制框架，正如政府自己的《范围界定研究》所述，规制框架是有缺陷的；(ⅱ) 投诉制度，需要改变以使消费者受益；(ⅲ) 允许向消费者提供法律服务的商业结构类型，这在很长一段时间内变化不大。是否希望推进改革由部长们决定。

33. 改革不会一帆风顺。尽管来自消费者团体和许多律师的改革压力存在，但是改革将受到其他对现行制度感到满意的律师的抵制。反对本审查报告中改革的律师要么会辩称我错了，没有理解法律与众不同的特殊性；要么要求进一步研究和协商，让改革不了了之。变革需要重大的政治投入，部分原因是为了应对一些律师的预期批评，部分原因是改革需要首要立法，而这需要稀缺的议会时间。

34. 我希望部长们以及随后的议会能够得出认为有必要进行改革的结论。在我看来，这已经姗姗来迟。

戴维·克莱门蒂爵士
2004 年 12 月

目 录

第 A 章 法律服务规制框架的目标和原则 / 1

导　言 / 1

规制者的目标 / 2

职业原则/准则 / 8

目标和原则的风险权重 / 10

结　论 / 11

第 B 章 规制模式 / 12

导　言 / 12

规制和代表职能 / 15

模式 A 和模式 B+的相对优势 / 21

一线规制团体的治理问题 / 25

其他一线规制团体 / 29

法律服务理事会的权力和国际法在法律职业规制中的

　适用 / 33

成　本 / 37

结　论 / 39

第 C 章 投诉和惩戒／41

导　言／41

投诉：现有的投诉处理和监督安排／43

与现有投诉处理和监督安排有关的问题／48

投诉处理和监督安排的可能改革／55

法律投诉办公室的职责和权力以及将事项下放给一线团体的协议／59

投诉分类／62

内部投诉处理／63

法律投诉办公室的可能治理安排及其与法律服务理事会的关系／66

与各种投诉制度相关的成本／67

投诉制度的经费／68

惩戒：现有的惩戒安排／68

当前制度存在的问题／70

系统可能发生的变化／71

惩戒系统的成本和资金来源／73

结　论／74

第 D 章 治理、问责和其他相关问题／75

导　言／75

规制者：理事会还是个人／76

理事会结构和组成／76

目 录

任命程序和任期 / 77

主席和首席执行官的独立性和资格 / 79

问责机制 / 80

规制者进行协商的职责 / 82

上诉程序 / 83

资金来源问题 / 83

法律官员与规制制度 / 85

结　论 / 86

第 E 章　规制缺口 / 87

导　言 / 87

法律服务的定义（"外圈"）/ 89

保留的法律服务（"内圈"）和受规制法律
服务的定义 / 92

非营利部门 / 93

规制不对称和规制缺口 / 94

确定法律服务"内圈"的变化 / 96

规制者的角色 / 99

结　论 / 101

第 F 章　替代性商业结构 / 102

导　言 / 102

对 LDP 的需求 / 106

在管理人和所有者相同的 LDP 中出现的问题 / 109

在管理人和所有者不同的法律行业执业机构中出现的

　　问题 / 114

什么团体应当规制法律行业执业机构的问题 / 124

出庭律师与在合伙中执业的权利 / 129

对 MDP 的需求 / 133

MDP 的问题 / 135

结　论 / 140

英格兰和威尔士法律服务规制框架审查报告附录 / 142

　　附录 1　受访者名单 / 142

　　附录 2　SLAUGHTER AND MAY 律师事务所咨询

　　　　　意见 / 155

　　附录 3 / 164

重要术语对照表 / 177

第 A 章　法律服务规制框架的目标和原则

导　言

1.《协商文件》试图探讨法律服务规制制度的可能目标，并考虑律师提供这些服务背后的一些原则。在规制框架的运作方面，《协商文件》还考虑了规制者是否应当将其资源用于对既定目标和原则有着最大风险的地方。

2. 规制市场的决定源于这样一种观点，即对活动不加以控制可能会导致不良后果，并且规制带来的收益将超过规制的成本。因为任何规制制度都将涉及到规则的应用，这些规则要为受规制领域内可接受的行为标准提供指导，它应当能够增加对有关机构和整个领域的信任和信心。与信任和信心问题相关，规制还可以为消费者和供应商带来更大的结果确定性。除了简单地建立对市场的信心之外，规制还在保护消费者、确保不存在对竞争的不合理限制、维持适当的教育、培训和行为标准以及有适当的救济机制方面，发挥着重要作用。

规制者的目标

3.《协商文件》建议,界定规制制度的第一步,应当是明确规制制度的目标是什么。这对于那些负责规制的人而言至关重要,因为目标代表了他们必须据以确定适当规制行动的标准;他们将为此承担责任。受规制者和其他利益相关方也需要明确目标。

4. 总的来说,我赞成一份简短的、清晰的目标清单,与指导金融服务管理局(FSA)工作的目标大致相同。就FSA而言,可以将四个主要目标总结如下:

- 保持对英国金融体系的信心;
- 促进公众对金融体系的了解;
- 确保为消费者提供适当程度的保护;
- 有助于减少金融犯罪。

5. 规制者将需要适当的目标,无论它是像FSA那样的模式A下的直接规制者,还是遵循了模式B或者某种变体,充当的是监督规制者。

6. 几乎所有受访者似乎都支持这一观点,即法律服务规制者应当按照一系列明确定义的目标运作。

7.《协商文件》为任何法律服务规制者确定了六个可能的关键目标:

第 A 章　法律服务规制框架的目标和原则

i．维护法治——法治体现了法律面前人人平等、公平、保障基本人权等基本原则。具有公平、透明和有效司法机构的可预测和相称的法律制度，对于保护公民和商业免受被任意使用的国家权力以及组织和个人的非法行为至关重要。

《协商文件》建议，负责规制法律服务提供者的人员应当确保在法治方面发挥重要作用，为厉行法治创造必要条件。

ii．近用司法——《协商文件》还建议法律服务规制者应当以改善所有人近用司法为目标。近用司法有一个地理维度（在第 F 章的法律行业职业机构［LDPs］的背景下讨论了诸如农村近用司法等问题），但是它对于这些人近用司法也是一个至关重要的问题，即那些处于不利地位的人，特别是那些无力承担维护其法定权利的成本的人。规制者将关注近用司法是否成比例；他不能无视成本而保证所有问题都能近用司法。因此，预计规制者将希望与其他团体密切合作，例如"非营利"领域提供者和法律服务委员会。

iii．保护和促进消费者利益——鉴于提供者和消费者之间在提供法律服务时存在的信息不对称，规制者有保护和促进消费者利益之职责。消费者的主要利益包括更高的质量和更低的价格。在某种程度上，这包括向明智的消费者提供选择。这样，是否接受风险

3

的最终选择由消费者做出。

《协商文件》建议法律服务规制者对消费者负有双重职责：首先确保消费者对所提供服务的标准有充分信息，以便他们能够就这些服务做出明智的决定；其次，鉴于消费者可能并不总是"明智的"，因此法律服务规制者有权在市场上采取行动，例如，禁止胁迫性营销行为、提高或者设定标准、开发信息/意识项目、解决纠纷和保护弱势群体。

iv. 促进竞争——权限范围提到最能促进竞争的规制框架。《协商文件》承认，近年来的趋势之一是越来越重视竞争。它注意到，特别是在法律服务行业，政府鼓励来自不同职业团体的律师之间展开竞争。在此背景下，《协商文件》提出在适当保障消费者利益的前提下，任何法律服务规制者应当以防止不合理地限制法律服务的供应、鼓励法律服务竞争以及促进在提供者数量和类型上的选择为目标。

v. 鼓励自信、强大和有效的法律职业——《协商文件》建议，维持强大和有效的法律职业的规制目标（包括制定适当的准入标准和支持新进入市场的人）将有助于确保近用司法，为公共资助的工作维护一个健康的供应商基础，并继续支持公益活动行动计划，从而为公众利益服务。它还将支持我们法律部门的国际活动。

vi. 促进公众对公民法律权利的了解——以金融

服务业为例,《协商文件》建议任何新的法律服务规制者都应当维持律师的这一职业义务,即为委托人阐明其权利以及不同选择的后果。它质疑规制者是否应当与行业一起承担更广泛的职责,以提高消费者对一些最常用的法律部分的了解,例如关于买房的知识。

8. 就上述六项目标的适当性而言,《协商文件》的大部分回应者认为,所确定的目标大体上是正确的。一些受访者认为目标并未完全涵盖所有关键问题。他们建议对《协商文件》所列规制目标作出轻微改动。在大多数情况下,这些建议试图扩展或者额外强调支持每个目标的文本的现有部分。如果受访者提出了额外的目标,它们大部分要么是上述目标的子集,要么是这些目标部分或者全部组合的结果。然而,许多评论提供了值得特别考虑的见解。

9. 出庭律师公会就这六个目标评论道:

"……虽然这是一份令人钦佩的政策考虑清单,任何法律服务规制者都应当考虑到这些因素,但是在我们看来,它并没有直接说明我们所理解的规制的基本目的——即寻求确保职业团体(或者相关服务的其他提供者)的成员(a)具备适当的资格,以及(b)遵守适当的职业伦理标准。"

10. 我的观点是,这是关于"规制的基本目的"的一种以职业为中心的观点。然而，这是很重要的一点；起草"自信、强大和有效的法律职业"的目标应当明确提到规制框架所涵盖的人需要具备适当的资格，特别是需要很高的职业伦理标准。其他回应者，例如高级文官协会（First Division Association）（代表高级公务员的协会，包括政府法律服务部门的成员）也提到标准的采用：

> "我们所说的'标准'有两个要素——其中之一是适当的职业称职性，它超越了准入标准，也就是《协商文件》中提到的要素。与许多职业一样，法律执业者也有继续职业发展义务。"

适当的职业称职性，包括继续职业发展，应当是新规制框架的重要组成部分。本《审查报告》，特别是第F章，对律师之间更大的竞争和他们开展业务的方式自由化有很多内容要论述；但是这并不是为了降低所提供的法律建议的标准或者执业者的职业伦理标准。

11. 与出庭律师公会的意见相反，消费者协会在其回应中对将"强大而有效的法律职业"作为具体目标表达了关切：

> "在我们看来，'强大而有效的职业'是能够成功地对决策者施加权力和影响的职业。职业的利益并不总是与公共利益相一致。强大而有效的法律职业可能

会或者可能不会确保公共资助工作的健康提供者基础。该段中所列的详细目标在近用司法和竞争方面更为有用。"

虽然可以将强大的法律职业视为近用司法的子集,但是我继续将其视为独立的目标,尤其是因为在我们自己的边界之外,英格兰和威尔士的职业有显著的国际地位。国际交易经常选择英国法律和英国律师;规制框架应当寻求提高这种地位,因此当然不能去损害它。

12. 事务律师协会欢迎引入"促进公众对公民法律权利的了解"这一具体目标,并在回应《协商文件》时表示:

"迄今为止,这还没有被正式视为事务律师协会的规制责任,尽管该协会在这一领域越来越活跃。"

13. 全国消费者委员会(NCC)也对具体目标表示欢迎,但是在回应中称,该目标还远远不够:

"促进公众了解规模法律权利的目标还远远不够,因为它没有区分消费者信息和消费者教育。消费者教育的概念涉及知识、理解、价值观、技能和态度,是从信息和建议中获得最大收益的必要条件。随着信息、教育、建议和补救措施均已到位,消费者可能会被赋能，而不仅仅是知情。被赋能的消费者也有信心让他们的声音被听到——这是一个非常重要的维度。因此，就涉及消费者因素的目标而言，我们宁愿强调为消费者赋能，这有助于他们成为竞争市场的推动者。"

总的来说，我同意这一点。规制制度应当关注教育、建议和补救以及信息。但是在精确的起草过程中，重要的是不要对框架施加超出其可能提供的内容。特别是，有关法律权利和程序的教育以成年后的基本教育标准为前提，这是一个重要问题，但是其可能超出了法律规制者的范围。

14. 如前所述，许多回应者建议对《协商文件》所载的规制目标及支持各项目标的文本作出轻微改动。然而，本章的目的并不是要起草必要的目标。法定目标的准确措辞将经过议会起草者的详细分析，并随后由议会本身进行审查。虽然我不认为在这里尝试进行那种详细分析是明智的，但是我确实相信本章列出的六项目标可以为构建法律服务规制框架提供核心。

职业原则/准则

15. 《协商文件》认识到，除了设定规制目标外，任何法律服务规制框架都需要确保律师得以运作的职业守则和标准符合某些职业原则和准则。《协商文件》确定了以

下关键原则和准则:

- **独立**——律师有为了正义而独立行事的职责;
- **适正**——主要法律职业团体所维护的行为守则通常要求其成员对委托人、法院、律师和其他人行为适正,以保持职业行为和职业服务的高标准,而不是给职业带来不名誉;
- **为委托人的最大利益行事的职责**——主要法律职业团体的行为守则通常要求其成员为委托人的最大利益行事,除非这样做是非法的或者正义会受到损害;
- **保密**——法律职业团体的行为守则通常要求律师对委托人的事务保密。委托人与其律师之间的交流可能受到法律职业特免权的保护(即委托人与法律顾问之间为获得法律建议或者帮助进行的某些交流受到保护,即使在法律诉讼中也不被披露)。

虽然这些原则和准则应当包含在适用于律师的职业守则中,但是其中一些也可能包含在关于法律职业的立法中,就像目前一样。例如,1990年《法院和法律服务法》第27条和第28条[1]规定,行使诉讼和诉辩权的人有为维护正义而独立行事之职责。

---

[1] 经1999年《近用司法法》第42条修正。

16. 就规制者的目标，大多数受访者承认在提供法律服务方面存在准则和原则及其重要性，并且《协商文件》中确定的内容大体上是正确的。对此，有一些建议的补充。

17. 出庭律师公会建议应当再纳入一项原则，即律师在提供服务时不应歧视（例如，在性别、族源、信仰或者关于委托人性质的舆论方面）。这个建议是有道理的；然而，我认为法律通常规定了歧视问题。因此，我不清楚特定原则是否必要或者适当。如果要包括不歧视原则，则可以说，其他人权原则或者信息自由等原则也应当具体提及。

目标和原则的风险权重

18. 多位回应者指出，《协商文件》并没有试图按重要程度排列规制目标或者法律原则/戒律，部分回应者认为有些方面值得特别重视。例如，一些律师强调律师的独立性和适正性：

> "……从我们的角度来看，关键目标也许是需要保持法律职业的独立性和适正性，并在服务公共利益时正确平衡这一点。"——Allen & Overy

19. 我理解受访者可能会根据自己的观点对每个原则或者目标给予不同的重视。然而，我认为应当由规制者采用基于风险的规制方法,根据具体情况判断每个考虑因素的相对重要性。基于风险的方法是这样一种方法,即根据这种方法,规制目标或者原则成为决定如何使用规制权力和资源的中心考虑因素。

20. 大多数受访者支持《协商文件》中讨论的基于风险的规制方法的概念。一些人质疑任何新的规制者如何根据风险履行职责;其他人提出建议,例如规制工作应当集中在某些领域(例如向公众提供服务而不是向商业机构提供服务的领域)。任何新规制者应当如何根据风险确切履行其规制职能,将由其根据他当时察觉到的对其法定目标和对职业的原则和戒律的风险来决定。试图在此就做出可能是好的判断而限制规制者是错误的,因为这种判断要因情况而异;因此,我没有对目标的排名提出任何建议。

结　论

21. 我的结论是,定义规制制度的第一步应当是明确该制度的目标是什么。本章提出了该制度的六个主要目标。这些将是规制者据以确定其适当规制行动的目标;并将据以问责。我认为本章讨论的法律戒律或者原则应当纳入规制安排。

第 B 章 规制模式

导 言

1. 本章审视了不同法律服务规制模式的优缺点。它还研究了规制结构中的每一方应当拥有哪些权力。

2. 政府在 2003 年 7 月公布的题为"法律服务市场的竞争与规制"的报告所附的《范围界定研究》，描述了有关的规制制度。《范围界定研究》中描述的团体一些是一线规制者，一些是监督规制者或者超级规制者。

3. 在一线执业者团体中，有五个兼具规制和代表职能：事务律师协会、出庭律师公会、法务员协会、特许专利代理人协会和商标代理人协会。

4. 在监督规制者中，国务大臣在许多实务和规则领域拥有重大权力。特别是，根据经修正的 1990 年《法院和法律服务法》，其有权（在与司法机构、竞争主管当局和咨询小组进行适当协商后）批准职业团体寻求被授权向其成员授予出庭发言权或者进行诉讼的权利的申请。目前有四个职业团体被授权授予其成员一般或者有限的权利：

- 出庭律师公会；
- 事务律师协会；
- 法务员协会；
- 特许专利代理人协会。

国务大臣有权"召回"与授予或者行使进行诉讼的权利和出庭发言权有关的规则，如果国务大臣认为这些规则限制不当的话。就持照产权转让人理事会制定的规则，他还拥有权力（根据经修正的 1985 年《司法法》）。掌卷法官对事务律师协会拥有广泛的规制监督权，包括准入名册的权利。

5.《协商文件》列出了两种主要的规制模式。第一个模式，称为模式 A，涉及从一线执业者团体中剥离所有规制职能。所有这些职能都将由法律服务管理局（Legal Services Authority，LSA）负责并由其执行，该机构将直接与法律服务提供者联系。模式 B 将规制职能赋予一线执业者团体，但是创建了一个法律服务理事会（Legal Services Board，LSB），对所有团体进行一致的监督。

6.《协商文件》明确指出，这两种模式是极化结构，任何一种模式都可能有多种变体。之所以出现这些变体，是因为可以对每种规制功能采取不同的看法；没有必要按照模式 A 全部交给新的规制者，或者按照模式 B 的设想，在受到监督的情况下，全部交给一线执业者团体机构。一个重要的变体，称为 B+，是要求各一线团体将其规制职能与代表职能分开。

7. 《协商文件》确定了五项核心规制功能：

- 准入标准和培训；
- 规则制定；
- 监控和执行；
- 投诉；
- 惩戒。

与《协商文件》一样，本章讨论前三项职能。第 C 章讨论投诉和惩戒。

8. 具有代表权的团体的主要职能，将包括在法律工作的费率、国际执业权利、政府和其他相关方的政策问题、为成员提供信息服务以及为潜在成员和委托人提供信息等领域进行代表。

9. 在此背景下，本章按以下顺序讨论问题：

- 第 10 至 25 段探讨了各团体拆分其规制和代表职能的理由；
- 第 26 至 32 段探讨了模式 A 和模式 B+ 的优缺点；
- 第 33 至 40 段探讨了具有规制权力的一线团体的治理问题，重点关注的是出庭律师公会和事务律师协会；

- 第 41 至 52 段探讨了其他一线规制团体的立场；
- 第 53 至 60 段探讨了法律服务理事会的权力问题，以及国际法在法律服务规制中的适用；
- 第 61 至 69 段探讨了不同规制模式的成本问题；
- 第 70 和 71 段列出了广泛的结论。

规制和代表职能

10. 如上所述，五个法律职业团体（事务律师协会、出庭律师公会、法务员协会、特许专利代理人协会和商标代理人协会）兼具规制和代表职能。《协商文件》明确指出，本审查报告的中心议题之一是探讨这种混合是否符合权限范围。

11. 职业团体的规制职能和代表职能之间的区别，并不是一个无法在实践中应用的理论概念。根据 1999 年《近用司法法》，职业团体必须区分这两种职能，并在年度执业证书费中将它们分开，其已经这样做了。

12. 在确定是否需要将规制职能和代表职能分开时，我认为权限范围的四个方面具有特别的相关性：

（ⅰ）所选择的规制安排应当促进公众和消费者的利益；

（ⅱ）它应当促进竞争；

（ⅲ）它应当促进创新；

（ⅳ）规制安排应当是透明的。

我们依次讨论这些中的每一个。

13. 第一个考虑因素涉及公众和消费者的利益。《协商文件》的大部分回应者认为，基于这些理由，职业团体的规制和代表角色应当分开。例如，持照产权转让人理事会在其对《协商文件》的回复中表示："很难理解一个团体如何既能有效地规制一个职业，又能为其利益进行代表和游说，而不损害其规制或者代表职能。"这两个角色之间存在利益冲突，应当加以解决。在规制性团体中，公共利益应当是首要的。对实务规则的改变等问题进行的审查，不仅要根据会员的意愿进行，而且要根据公共利益标准进行。在代表性团体中，成员的利益应当是至高无上的。很难得出结论说，事务律师协会领导层在20世纪90年代中期决定将限制用于处理投诉的资金，并非是将其代表利益置于规制职责之上，从而损害了公众和消费者利益。

14. 即使一个团体确实将公共利益置于其成员的利益之上，其仍然存在认识问题。例如，事务律师协会或者出庭律师公会实务规则中的每项限制性做法可能都是为了公共利益而运作的。但是，也许是因为许多资深律师受制于他们的成长制度，人们认为这些问题历来没有得到规制团体所应有的活力和独立性的解决。

15. 正如可以批评职业团体对公共利益的重视不足一

样，职业团体的成员也可能批评他们各自的团体对代表需求的关注不足。例如，许多商业街事务律师过去曾称，事务律师协会在开放竞争的法律领域没有充分代表他们的利益。

16. 历史上，受雇出庭律师和非执业出庭律师也曾批评出庭律师公会没有对影响他们的规制问题给予充分重视。为公共利益履行规制职能的职业团体应当公平对待其成员。但是根据本次审查所收集的证据，我形成了出庭律师公会将受雇出庭律师的利益置于第二位的观点。事实上，这一立场得到了当时的出庭律师公会主席的部分承认，他在2003年4月发表的出庭律师公会年度报告中写道："在21世纪，受雇的出庭律师被视为二等公民，这不再可以接受。"

17. 就公共利益而言，规制和代表问题之间的潜在冲突在涉及律师费用谈判的问题中最为明显。近年来，事务律师协会和出庭律师公会都代表其成员就法律援助工作的收费问题进行了艰苦的斗争。代表团体应当利用其影响力为其成员的利益提高国家资助的薪酬水平是合理的；但是在此类事务中代表成员的职能与为公共利益行事的规制责任是不协调的。

18. 职权范围要求规制框架应当促进竞争。然而，对于兼具规制和代表角色的职业团体来说，处理竞争问题尤其困难。规制团体应当鼓励公开竞争，但是须保持质量标准；代表团体有合法的权利来维护其利益，警告如果市场开放过于广泛，公众可能会受到影响。对于一个团体来说，这是一组难以平衡的相互矛盾的问题。双重角色使事务律师协会在考虑将产权转让权扩展至其在该领域的垄断之外时遇到困难。这也给努力保护其成员在上级法院的垄断权并防止根据1990年《法院和法律服务法》将其扩展到事务律师的出庭律师公会造成了困难。

19. 除了竞争，权限范围还提到了鼓励创新的规制制度。事务律师协会已寻求对其实务规则进行改革。但是很明显，在领导层提出改变的某些领域中，它因难以通过其庞大的代表大会而受到阻碍。出庭律师公会称，它会定期审查自己的做法，并在其认为合适的地方做出改变。但是几乎没有证据表明出庭律师公会一直是习俗和实务方面的创新力量。如前所述，它坚决反对将在上级法院的权力扩展到事务律师。它确实对根据"出庭律师公会指令"提案制定的直接近用规则提出了修改；但是，《肯特里奇报告》(Kentridge Report[1])中最近提出的对直接近用的更改并不是出庭律师公会的积极举措，而是对公平交易办公室在其报告"职业竞争"中提出的挑战的反应性回应。[2]

20. 与出庭律师公会有关的还有一个更复杂的问题，涉及透明度。正是在某些职能方面，出庭律师公会与出庭

---

〔1〕 Report of the Committee to the Bar Council, under the chairmanship of Sir Sydney Kentridge QC, 18 January 2002.

〔2〕 *Competition in professions*, A report by the Director General of Fair Trading, March 2001.

律师会馆共担规制责任。这些共担的规制职能包括教育、进入标准和惩戒问题。四个出庭律师会馆（中殿、内殿、格雷、林肯）负责培训学生、授予奖学金和准入（个人必须由四个会馆之一认许为出庭律师），它们在惩戒程序方面也扮演着重要角色。

21. 出庭律师会馆由主管（benchers）管理，新的主管由现有主管从各自出庭律师会馆的杰出成员中选出。根据 1987 年达成的并于 2001 年 8 月更新的协议，〔1〕诸出庭律师会馆同意"接受并执行出庭律师公会不时制定的一般政策"，但是须符合某些条件。该文件指出，该协议在法律上不具有效力，任何出庭律师会馆均可提前 12 个月通知取消该谅解。该协议遵循罗林森（Rawlinson）勋爵撰写的报告，该报告处理的是出庭律师公会与诸出庭律师会馆之间关系的不确定性。

22. 该协议，包括取消权，让一些人争辩说出庭律师会馆拥有真正的权力，以下事实凸显了这一点：每个出庭律师会馆的负责人通常是一名资深法官（今年有三名上诉法院法官和一名退休的上议院大法官），优先于管理出庭律师公会的出庭律师；通过他们的财产权益，出庭律师会馆拥有财富并为出庭律师公会的财务做出了重大贡献，这一事实进一步凸显了这种实力地位。相比之下，其他人则

---

〔1〕 Introduction and Constitutions of the General Council of the Bar and of the Council of the Inns of Court and of the Inns of Court and the Bar Educational Trust, 31 August 2001.

认为，无论协议中可能说什么以及财务安排如何，规制权现在都不可逆转地转移给了出庭律师公会。真相可能介于两者之间。该协议包含处理双方僵局的复杂方案。这从未被使用过，而且在实践中，似乎是出庭律师会馆特别关心的问题，例如推迟认许问题，是以双方同意的方式进行的，通常以最慢的速度进行。一个关键的团体，并且位于确定出庭律师公会和四家出庭律师会馆之间的共识的中心的，似乎是出庭律师会馆理事会（Council of the Inns of Court）。出庭律师中的许多人，以及出庭律师界外的几乎所有人，似乎都没有意识到这个重要团体的存在。

23. 在我与出庭律师公会和出庭律师会馆的讨论中，一些人承认应当重新审视该协议。就目前情况而言，任何审查者都很难得出这样的结论，即在出庭律师公会和出庭律师会馆之间，规制权和责任是很清楚的。

24. 如前所述，我的权限范围包括提出一个促进公众和消费者利益、促进竞争、促进创新和透明的框架的要求。该框架需要满足这些标准，并被清楚地看到这样做。基于上述原因，我不认为目前规制和代表权力的结合，特别是在事务律师协会和出庭律师公会内部，允许框架接近满足这一要求。我不认为诸功能的结合会导致公共利益始终被置于首位。我不认为这种组合提供了鼓励竞争的正确激励措施。我不认为它提供了促进创新的框架。最后，我不认为在出庭律师公会与出庭律师会馆之间的安排令人满意，而且它们显然不透明。

25. 本审查报告的一个关键建议是，一线规制团体的规制和代表职能应当明确划分。

模式 A 和模式 B+ 的相对优势

26.《协商文件》认为，规制职能和代表职能之间的分立可以通过多种不同方式实现。模式 A 提供了最清晰的拆分，因为所有规制职能都移交给了法律服务局。模式 B+将一线规制职能留在执业者团体层面，接受法律服务理事会的一致监督，但是要求诸团体将其规制部门与其代表部门分开，并有着单独的治理安排。

27. 支持模式 A 的广泛论点是：

（a）模式 A 更好地实现了规制框架应当独立于被规制者的原则，因为它消除了框架内的一个自我规制要素；

（b）建立一个单一的规制者简化了制度，涉及的规制团体要少得多。反过来，这可能会导致对第 A 章中规定的规制制度目标的责任划分更加明确，问责制更加有力；

（c）单一规制者为处理规制体制内的任何目标冲突提供了一个明确的平台。最好是在一个负责的团体内解决此类冲突，而不是在可能出现僵局的不同机构之间解决；

(d) 一个单一的规制者可能会产生更大的一致性,提供一个统一的授权、监督和调查系统。之所以出现这种情况,部分原因是模式 A 采用了更加服务驱动的规制方法。对制定规则的团体进行划分是可能的,以便能够为不同的服务制定规则,例如诉辩、产权转让和移民;这可能会导致更公平的"竞争环境",进而增加竞争。这种从职业驱动规制向服务驱动规制的转变,可能伴随着一种更加消费者驱动的方法,这种方法强调需要满足消费者而不是维持职业提供者的地位;

(e) 一个规制者应当会给制度带来很大的灵活性。需要规制的新服务不需要新的团体来处理它们,就像 1999 年规制移民服务的决定导致了移民服务专员办公室的成立那样。与此类似,它将更容易规范将来自不同职业背景的律师聚集在一起的法律行业执业机构;

(f) 单一规制者应促进培训和准入标准更加一致,允许不同法律服务提供者之间进行共同培训,并使其更容易在它们之间调动。

28. 模式 A 的许多优势都可以保留在模式 B+中。模式 B+将目前由宪法事务部长和掌卷法官等掌握的各不相同的监督职能合理化为一个规制理事会。该理事会将有明确的目标,并据此对其问责;作为一个规制体系的一部分,可能被委派规制职能的一线规制者在行动时将得到支持。

第 B 章 规制模式

29. 支持模式 B+的具体论点是:

(a) 将日常规制性规则制定和监督尽可能留在执业者层面,更有可能提高执业者对高标准的承诺;这种承诺很重要,特别是在职业行为规则领域,行为规则和伦理标准应当被视为有助于提高标准,而不是被规避的约束;

(b) 虽然模式 A 可以满足法律职业独立于政府的原则,但是模式 B+更清楚地体现了这一原则,在该模式中,一线规制权力可以在执业者层面行使。大多数律师的意见都强调了这一点,但是其他人也强调了这一点;

(c) 模式 A 所提倡的一致性也可以在模式 B+中实现,即法律服务理事会要设定一线规制者需要遵守的最低标准,以便就履行规制职能获得认可。与上文第 27 (d) 段的论点相反,单一规制者可能导致的标准的精确统一性,可能并不总是符合公共利益,或者导致更大的竞争。在满足最低标准的前提下,就提供者类型及其运营所依据的规制规则有一定程度的选择权,这是受欢迎的。持照产权转让协会在提交的意见中提出了这一点,他们认为并非所有保留服务的提供者都需要遵循相同的规则。出庭律师公会在其提交的意见中提出了类似的观点:规制制度的一致性需求不应等同于统一性,即一套相同的规则应当适用于所有律师之要求。公平交易办公室还提请注意模式 B+允许的规制选择和竞争的可能性，使法律服务理事会"既可以鼓励这种竞争，也可以在这种竞争似乎削弱规制而危及消费者保护的情况下介入"；

(d) 虽然如第 27（e）段所述，模式 A 在新服务方面提供了很大的灵活性，但是模式 B+确实为监督规制者提供了一定程度的灵活性。法律服务理事会可就此类新服务获得权力来：（ⅰ）授权新团体规制其提供此类服务的成员；（ⅱ）允许现有机构对这些服务进行规制。如下文第 54 段所述，法律服务理事会将有权直接规制，尽管其目的是作为监督规制者；

(e) 将所有规制职能集中在一个团体内，使它必然会成为一个大型组织；它有着成为一个庞大而不灵便的组织的风险。将大部分工作留给一线团体的模式 B+不太容易受到这种影响。

30. 支持模式 B+的另一个论点是，实际的过渡安排比模式 A 更容易组织。只有少数涉及监督职能的工作需要转移给新的监督规制者；在一线规制者中，绝大多数职位将保持不变。在任何过渡时期失去规制专业知识的风险都会大大降低。

31. 可以说，B+提案让人想起 2000 年《金融服务和市场法》（FSMA）之前的金融服务行业，有大量的一线规制组织（一些在证券和投资委员会的监督制度下）责任重叠；这是一个不足信的模式。然而，应当承认，金融服务业和法律服务业的背景是完全不同的。在金融服务行业，大型参与者并没有真正的自我规制历史：在 FSMA 之前，银行由英格兰银行规制，保险公司由贸易和工业部规制（有几年是由英国财政部规制的）。对于这些大型参与者而言，规制独立性问题并未出现。还应当认识到，在具有单一规制者的模式 A 框架中可以更容易地解决有关系统稳定性的更广泛问题，在法律服务中的出现程度与在金融服务行业中出现的程度不同。

32. 在判断关于不同模式的观点的强度时，很明显，与模式 A 相比，模式 B+在更大程度上建立在当前制度上。确实，如果从头开始，没有根深蒂固的职业团体的历史，人们可能会得出结论认为应当首选模式 A，因为它清晰和灵活。但是即使是那些批评他们认为当前以职业为基础的安排的自利性质的人，也会承认这些优势。目前的制度已经产生了一个强大而独立的职业，在大多数情况下以高标准运作，能够在国际上成功竞争。这些优势表明，在《范围界定研究》中确定并为本审查报告所涵盖的制度缺陷，要从现在做起进行改革，而不是从零开始。

一线规制团体的治理问题

33. 如果按照模式 B+，在受到监督的情况下，将规制职能赋予一线团体，那么如何实现规制职能和代表职能之间的分立，以及适当的治理安排，仍然存在问题。目前，事务律师协会和出庭律师公会都远远缺乏规制团体良好治理实践。规制团体应当有非职业人员参与其决策职能。事务律师协会在某些下属委员会中有一些非职业人员参与；其主要理事会的 105 名成员中包括 5 名非职业人员。出庭律师公会的下属委员会中也有一些非职业人员的参与，但是该理事会本身拥有大约 120 名成员，并没有非职业人员。事务律师协会理事会和出庭律师公会的规模和组成在性质上是代表性的。它们不适合做决策的规制者。

34. 两个团体在其规制角色中面临进一步的治理困难，它们要求其主席应每年更换一次，该任职时间足够长到在任者想要确保"在他的任期内"不发生任何损害，但是不足以使其看穿艰难的变化。如此短的任期可能适合代表角色，但是不适用于高级规制职位。没有人会认真建议 FSA 主席或者医学总会主席每年更换一次。找到合适的候选人可能会更加困难，但是这是职业团体如果希望继续严肃参与规制事务就必须面对的问题。

35. 《协商文件》中提出的一个关键问题是如何实现模式 B+ 下的分立。有两种广泛的选择：一种可能性是机构上的分立，以创建独立的规制和代表团体，类似于医学职业内部在医学总会和英国医学协会之间的分立。另一种选择是在一个团体内将规制职能与代表职能隔离。

36. 支持独立机构的观点是，它使分立变得透明可见。与此相反，它将增加构成法律制度一部分的团体的数量，并可能增加成本。虽然预计在一个机构内将规制职能与代表职能隔离开需要单独的执行和政策团队,但是其也有可能在一名高级行政官员的领导下提供许多共同服务。

37. 出庭律师公会对这一具体问题及其治理安排的更广泛问题的回应是,存在改革的余地。出庭律师公会主席在 2004 年 9 月 21 日给我的信中说:

"我们确实认为我们在实现规制职能的更大透明度和独立性方面还有空间,特别是可以考虑出庭律师会馆的角色、非职业人员的角色和一些防护措施。"

38. 事务律师协会的回应已经超出了对改革范围的认识,而是考虑了一些细节。它在对《协商文件》的回应中称:

"事务律师协会还同意,为了保持公众信心,规制和代表职能必须——而且必须被看到——在任何治理团体的工作中明确分立。"

去年,事务律师协会成立了一个治理审查小组,由高级文官专员 Baroness Prashar 担任主席。中期报告[1]的要

---

〔1〕 Governance Review Group: Interim Report to the Law Society's Main Board and Council, May 2004.

点包括以下建议：

（ⅰ）为了提供更大的有效性、适正性和透明度，协会的规制和代表职能的治理应当明确分开；

（ⅱ）应当有一个新的规制理事会负责协会的规制职能；

（ⅲ）为确保有效，规制理事会应当有 15 至 20 名成员；

（ⅳ）为提供更好的公共问责制，规制理事会的一半成员应为独立成员；

（ⅴ）为了实现公平和包容，规制理事会的所有成员都应当通过透明和独立的程序选出，任人唯贤；

（ⅵ）主席（可以是事务律师或者独立成员）应当由规制理事会在规制理事会中选举产生。

39. 事务律师协会已考虑这些临时建议，并原则上接受了将其规制与其代表职能隔离开来的理由；但是它尚未就如何贯彻落实的细节达成一致。本审查报告的建议是，一线规制团体将其规制和代表职能分开应当是一项法定要求，但是在详细的治理安排方面，该机构需要达到法律服务理事会制定的标准。需要有标准的一致性，这不一定要求结构的统一性。治理审查小组的中期报告中的建议代表了法律服务理事会可能考虑的标准清单。除了要求团体采取措施确保规制职能与代表团体分开且不受其约束外，报告呼吁，如下所述：

- 更小的规制理事会；
- 半数成员独立；
- 成员通过基于考绩的独立程序选出。

如果法律服务理事会对一线规制者的治理安排的充分性不满意，则应当授权它要求采取进一步措施，包括最终坚持机构分立的权力。如果法律服务理事会要保持监督规制者的地位，并且本身只有少量工作人员，则需要对基本规制理事会的组成有信心。法律服务理事会的权力将在第53段至第60段中进一步讨论。

40. 前文所述的B+模式，涉及对各一线团体准入的成员的规制。它不能自动扩展到对他人的规制。第F章讨论了谁应当规制法律行业执业机构的问题，这些法律执业机构将不同团体准入的律师聚集在一起，并允许其他根本不是律师的人作为负责人。

其他一线规制团体

41. 上述观点主要与事务律师协会和出庭律师公会的立场有关。选择的规制模式还需要适应其他负有一线规制职责的团体。

42. 法务员协会（ILEX）既履行规制职能也履行代表

职能。然而，其大部分成员为事务律师事务所工作，并在实践中受事务律师协会规制。法律服务理事会需要确信法务员协会的代表职能不会影响规制职能。

43. 特许专利代理人协会（CIPA）既履行规制职能也履行代表职能，需要采取必要措施让法律服务理事会确信已经进行了适当的分立。专利工作的广泛活动是一项未保留的活动，[1]不是特许专利代理人协会成员的特权。然而，特许专利代理人协会是根据1990年《法院和法律服务法》获得认可的团体，能够授予其成员出庭发言的权利和进行诉讼的权利。正是这部分协会成员的工作将其纳入了规制之网（参见第E章）。

44. 专利局对特许专利代理人协会的工作进行一定程度的监督，专利局是贸易和工业部下属的一个机构。特别是专利局对资格考试进行监督。我们建议将监督权转移到法律服务理事会，将专利局从规制角色中移除，尽管预计法律服务理事会和特许专利代理人协会希望就规制安排的相关变更与专利局进行协商。

45. 商标律师协会（ITMA）的地位与特许专利代理人协会大体相似，只是它目前不是根据1990年《法院和法律服务法》认可的团体。然而，它已申请了这种被认可团体的地位。原则上，部长们已经批准了该申请，但是仍需提交枢密令，并在接下来的几周内在议会进行辩论。如果

---

[1] Copyright Designs and Patents Act 1988.

获得议会批准,这将使商标律师协会与特许专利代理人协会处于同一地位。

46. 持照产权转让人理事会只是一个规制团体,它应当没有困难融入模式 B+框架。正如已经指出的那样,理事会在其答复中强烈认为,规制职能和代表职能之间需要明确分离;它还主张改进监督安排。

47. 公证职业也已经区分了规制职能和代表职能。它在英格兰和威尔士的法律提供者中是独一无二的,因为该职业主要关注在国外而不是在本国生效的文件。一线规制权由大主教特许法院聆案官(Master of the Faculties)通过大主教特许法院办公室行使。根据教会法[1],大主教特许法院聆案官也是大主教法院首席法官(Dean of the Arches)和约克郡大法官法庭法官(Auditor),[2]这一联合角色必须由一个人担任,该人必须是一名资深律师,并且是英国国教的成员。根据1533年《教会执照法》,坎特伯雷大主教实际上是监督规制者。大主教特许法院办公室对《协商文件》的回应注意到,我已经发现该制度"有些不合时宜"。[3]

48. 大多数公证人也是事务律师,我认为如果对这种世俗法律活动的监督职能从大主教转移到法律服务理事会会更好。在对《协商文件》的回应中,大主教特许法院办

---

〔1〕 Ecclesiastical Jurisdiction Measure 1963, s. 13 (i) .
〔2〕 大主教法院首席法官和约克郡大法官法庭法官对公证人没有规制责任。
〔3〕 在苏格兰,公证人与教会之间的联系于1560年终止。

公室认为这可能很困难，因为对英格兰和威尔士公证人的国际承认部分取决于大主教的独立性。但是法律服务理事会还需要能够证明其独立于政府（如第 D 章所述）。应当强调的是，建议的更改仅与大主教特许法院聆案官关心的世俗法律活动有关。

49. 移民服务专员（ISC）的地位因两个问题而变得复杂。首先是移民服务专员既是一线规制者又是监督规制者。移民服务专员告诉我，他大约80%的资源用于直接规制职能，20%用于监督职能。第二个问题是他的管辖范围不仅包括英格兰和威尔士，还包括苏格兰和北爱尔兰。

50. 移民服务专员直接规制那些不是指定职业团体（DPBs）成员的移民顾问和移民服务提供者，并决定他们是否"适当和称职"。移民服务专员对指定职业团体（其成员提供类似服务）具有监督权。1999 年《移民和庇护法》指定的职业团体是：英格兰和威尔士、苏格兰和北爱尔兰的事务律师协会；英格兰和威尔士以及北爱尔兰的出庭律师公会；苏格兰诉辩律师协会；以及法务员协会。移民服务专员每年向内政部国务大臣报告。他会不断审查指定职业团体名单，如果他认为某个团体未能在该领域提供有效的规制，他必须通知内政部国务大臣。

51. 就英格兰和威尔士而言，建议终止移民服务专员的双重角色，并将对英格兰和威尔士境内指定团体（事务律师协会、出庭律师公会和法务员协会）的监督职能转移到法律服务理事会。这将使移民服务专员成为一线规制团体，进而对法律服务理事会负责。关于英格兰和威尔士，他将不再直接向内政部的国务大臣报告，尽管移民服务专员和法律服务理事会希望就规则或者标准的任何拟议变更与内政部仔细协商。

52. 对于北爱尔兰和苏格兰，在没有任何进一步变化的情况下，移民服务专员将保持原样，保留他的双重角色。我认为这是一个不令人满意的立场，但是与这些司法辖区有关的问题不在我的职权范围内。

法律服务理事会的权力和国际法在法律职业规制中的适用

53. 根据1990年《法院和法律服务法》，国务大臣有权向其希望授予出庭发言权或者进行诉讼的权利的团体进行授权，或者撤销此类委任。他还拥有与这两个领域相关的规则制定过程方面的权力；受权的一线团体必须将此类规则或者其更改提交给他以供批准，并且他也可以"召回"任何他认为具有过度限制性的此类规则。

54. 本审查报告中的建议是，这些目前由政府拥有的认可和"召回"监督权应当授予法律服务理事会。此外，为了向法律服务理事会提供最大的规制灵活性，我认为这些目前仅包括某些实务规则的权力应当扩大到包括法律服务理事会规制的那些团体的所有规则。确实，在可行的情况下，我建议将所有规制权力授予法律服务理事会，并要求法律服务理事会将日常规制操作权限（在受其监督的情况下）下放给认可的其他一线团体，只要这些团体是法律服务理事会确信它们有能力承担规制职能，并且已经制定适当的治理安排来处理此类职能而不会发生冲突的。在没有认可的一线团体的情况下，法律服务理事会将保留直接执行规制职能的权力。但是它的目的是尽可能让法律服务理事会成为一个小型监督团体，因此它应当进行下放，但是前提是法律服务理事会对上述能力和治理安排感到满意。

55. 如前所述，建议法律服务理事会——与将日常规制事务下放给一线被认可的规制者一致——有权批准被认可的一线团体的规则变更，并有权"召回"现有规则。它将根据第 A 章讨论的规制制度的既定目标行使其权力。这将包括公共利益标准和竞争标准。

56. 正如公平贸易办公室在回应中所建议的那样，要考虑法律服务理事会在行使其权力批准职业规则或者职业团体"为有资格和监督成员提供服务为目的"提出的认可申请时，是否有义务征求公平贸易办公室关于竞争的意见。我赞成对法律服务理事会规定这样的义务；它将反映《法院和法律服务法》中规定的当前的义务，即国务大臣在行使其在该领域的权力时要进行协商。

57. 我建议反对将规制权直接授予一线执业者团体的首要立法。首先，它可能会带来很大的不灵活性。事务律师协会的规制权力主要来自制定法，这造成了一些问题，包括由于制定法框架不灵活，无法在"法律实务+"提案中引入自由化改革。如果一线团体的规制权力来自制定法，它也可能会禁止一线团体的合并和分拆。此外，赋予法律服务理事会规制权力清楚地表明，一线团体从理事会那里获得规制权力；它减少了规制僵局的可能性。这些安排将赋予法律服务理事会作为监督规制者的重大权力；但是如第 D 章所述，其权力将受到规制者应有的透明度和问责制安排的限制；司法审查的安全网仍然存在。

58. 本章规定的安排需要首要立法，尤其是因为当前的安排在很大程度上是法定的，将不得不被废除。任何新的安排都需要符合欧共体法律。此外，他们应当考虑联合国关于律师角色的说法；并考虑其他国际司法辖区的标准和公约，特别是在欧共体内。这些问题很重要，不言而喻，因为所建议的规制制度需要与任何适用的国际法保持一致，而且因为任何无视国际标准和公约的安排都可能影响英格兰和威尔士律师在海外继续成功竞争的能力。伦敦市事务律师协会提交的意见特别强调了后一点。

59. 欧共体法律没有规定律师规制所必须采用的结构。出庭律师公会提请注意欧洲议会的一项决议，该决议支持自我规制，因为它在自由职业的规制中发挥了必要的作用。但是最近欧洲法院的判例法证实，成员国在相当大的程度上保留了规制法律行业的权力，甚至可以设定收费标准。在 C-35/99 *Arduino* 案件中，法院确认意大利规制法律职业的制度不是企业之间的协议——这属于条约第 81 条（禁止明显限制竞争的协议）的范围——而是一种国家措施，因为政府保留了大量的决策权和控制权。尽管意大利政府受条约3（1）（g）的约束，不得采取会过度扭曲竞争的措施，但是它有权采取相称的措施来规制职业，以符合公共利益，包括为意大利律师设定收费水准。没有迹象表明政府的此类干预违反了共同体原则。蒙蒂（Monti）专员2003年3月在对德国联邦律师协会的一次演讲中评论了这一判决，他说：

"*Arduino* 案件的判决澄清了成员国有权规制职业。这并不奇怪，因为在欧洲层面缺乏统一的情况下，成员国对定义职业运作的框架负有主要责任。它接着说，成员国只要保留决策权并建立足够的控制机制，就可以让职业团体参与执行这项任务。在没有明确指示和控制的情况下，它们不得将其权力让给职业团体。"

60. 我仔细研究了《联合国关于律师作用的基本原则》对律师角色的规定。我还研究了许多不同欧洲国家的法律职业是如何组织的。我收到的关于这些和相关问题的法律建议载于附录2。我得出的结论是，这些考虑都不会妨碍我根据英国首要立法建立的那种模式B+安排和实践。欧盟法律承认律师协会和出庭律师公会可能受到监督。国际团体应当欢迎监督职能来自目标明确的独立规制者的模式，而不是目前大部分监督由政府部门负责的模式。分析也没有表明模式 A 安排应当被排除在外。但是法律服务局的详细治理安排、与职业的关系以及独立于政府的独立性，需要进一步考虑。

成 本

61.《协商文件》评论说，在就规制框架的首选模式得出结论之前，成本问题将是一个重要的问题。许多受访者表示，模式 A 会更昂贵。他们没有提供任何数据来支持这一说法。安永会计师事务所受委托报告当前制度的成本以及本审查报告中讨论的变更的可能成本。他们的报告载于附录 3。

62. 安永会计师事务所报告显示，2003/04 年规制制度的成本约为 8100 万英镑（高于上一年的约 6900 万英镑）。该行业的总收入估计超过 180 亿英镑[1]（法律援助预算本身为 20 亿英镑），根据这一估计，规制制度的粗略成本远低于 1%。众所周知，这是外部成本，全部成本需要包括执业者在合规等领域承担的内部成本。

63. 2003/04 年估计的制度总成本约为 8100 万英镑，这可分为准入标准和培训、规则制定、监控和执行方面的规制成本，以及投诉和惩戒方面的规制成本。与第 7 段一致，本章涉及前三个职能（总计 4600 万英镑）；第 C 章涉

---

〔1〕 External survey data：ONS 2002, EUROMONITOR 2004.

及投诉和惩戒（总计 3500 万英镑）。

64. 前三项规制职能的成本为 4600 万英镑，这是一个估计值，并受多种因素影响。其中，最重要的一项是职业团体的成员，特别是事务律师协会和出庭律师公会，以及他们的下设委员会，所付出的大部分时间都是无偿的。这不包括在上述成本中。判断监督规制者——例如掌卷法官和政府部长——的时间成本会带来更复杂的问题。

65. 在前三个规制职能的成本中，最大的组成部分无疑是事务律师协会。出庭律师公会是第二大要素。然而，在判断最优结构时，重要的是制度的总成本，而不是任何单个部分的成本。出庭律师公会在其提交的意见中提到了其制度的成本效益。但是，当然，他们正在规制的是主要处理转介工作的法律职业分支。对于得出结论而言，关键不是它们的制度成本，而是规制框架的总成本。

66. 安永会计师事务所的报告试图判断如果采用模式 A 或者模式 B+，成本可能会是多少。估计所依据的关键假设载于其报告中，应当认识到在该分析中有重要的判断因素。在实践中，是否划算将取决于规制团体如何选择解释其在任一模式中的角色。

67. 模式 A 的成本粗略估计约为 4700 万英镑，与当前制度的成本相似。就模式 A 而言，人们认为，如果将规制职能转移给单一规制者，成本将会增加，而执业者的未计成本的时间则更少。与此相反，通过将各种一线规制者合为一个团体，将产生某些节省。

68. 模式 B+ 的成本粗略估计约为 5050 万英镑。主要的额外费用是新的法律服务理事会，估计约为 450 万英镑。该理事会需要有资源以有效的方式处理其监督职能。这是持照产权转让人理事会提出的一个观点，该理事会写道：

"由于就 DCA 的批准缺乏明确的指导方针和程序，现行规制者提出的对法定规则的更改已被推迟。无论采用何种模式，未来审查和修正规则的过程都必须既快速又高效。"

相对于目前的制度，在模式 B+ 下，将现有的监督规制者整合在一起会产生一些节省。如果在当前制度的成本计算中将更高的成本归因于部长和掌卷法官的时间，那么模式 B+ 的额外成本将会更少。

69. 根据报告中的假设，模式 B+ 的成本将高于模式 A 的成本。但是上文第 30 段提到的转向模式 A 的过渡成本和风险可能更大。总的来说，尽管这项工作涉及到估算要素，但是我不认为成本差异问题应当是在模式 A 和模式 B+ 之间进行选择的关键决定因素。

结　论

70. 我的结论是，规制职能（除了属于第 C 章主题的投诉和惩戒）最好由《协商文件》所称的模式 B+ 处理。

它规定设立监督规制者，即法律服务理事会，并在一线规制者内将规制与代表职能分离。我认为这是建立在现有制度之上的。有充分的理由支持这种安排，而且关于国际问题的讨论表明没有任何不符合国际法和国际惯例的地方。我认为在规制模式的选择上，关于成本的问题并不是决定性的。

71. 我的结论是，贯彻落实这些建议的方法是将规制权力赋予法律服务理事会，它在对一线规制者的能力、对治理问题的安排以及规制和代表职能之间的划分感到满意的情况下，可以将权力下放给一线规制者。目前，事务律师协会和出庭律师公会（连同出庭律师会馆）的治理安排不适合其规制职能。

第 C 章　投诉和惩戒

导　言

1.《协商文件》列出了英格兰及威尔士两个主要法律一线规制者（事务律师协会和出庭律师公会）处理投诉及惩戒事宜的宽泛安排。它认为，就投诉而言，高水平的选择在于在下列二者之间进行选择：将责任从一线团体转移到一个独立的消费者投诉团体；或者在接受监督的情况下，将消费者投诉留给一线规制团体，类似于目前存在的制度。与此类似，就惩戒而言，高水平的选择在于在下列二者之间进行选择：建立一个涵盖所有律师的单一惩戒制度，还是保持惩戒安排基本不变，由一线团体分别处理自己的成员。从对《协商文件》的回应来看，关注的主要焦点，尤其是在那些代表消费者的案件中，是律师处理投诉和为消费者提供补救的方式，而不是律师处理惩戒问题的方式。

2. 本章按以下顺序讨论有关投诉的问题：

- 第 4 段至第 15 段总结了现有的投诉处理安排；

- 第 16 段至第 33 段列出了现有投诉处理和监督安排存在的问题；

- 第 34 段至第 46 段涉及对投诉处理和监督安排的可能改革；

- 第 47 段至第 56 段列出了法律投诉办公室（OLC）的职责和权力以及将事务下派给一线机构的协议；

- 第 57 段和第 58 段讨论了有关投诉分类的问题；

- 第 59 段至第 63 段讨论了执业者的"内部"投诉处理安排；

- 第 64 段至第 66 段审视了法律投诉办公室的可能治理安排及其与法律服务理事会的关系；

- 第 67 段至第 69 段列出了与投诉制度相关的费用；

- 第 70 段和第 71 段讨论了投诉制度的资金来源。

3. 然后本章转向惩戒问题，并按以下顺序讨论它们：

- 第 72 段至第 78 段描述了现有的惩戒安排；

- 第 79 段至第 82 段列出了现行制度的问题；

- 第 83 段和第 84 段讨论了制度可能发生的变化；

- 第 85 段至第 87 段讨论了与惩戒安排有关的成

本和资金来源。

- 第 88 段和第 89 段列出了本章的大致结论。

投诉：现有的投诉处理和监督安排

4. 事务律师协会负责规制事务律师的行为和处理消费者投诉。直到最近，这两项职能都由事务律师协会的事务律师监督办公室（OSS）执行。然而，在最近的重组之后，事务律师监督办公室已不复存在。它已经被处理所有消费者投诉的新的消费者投诉服务局（Consumer Complaints Service，CCS）和处理惩戒问题的合规局（Compliance Directorate）取代。

5. CCS 在处理个人投诉时独立于事务律师协会的其他机构。然而，它由事务律师协会资助和管理，而事务律师协会历来参与有关投诉分类、组织和资助的政策问题。

6.《事务律师实务规则》[1]之规则 15 和事务律师协会的《事务律师职业行为指引》[2]要求事务律师制定"内部"投诉处理程序，在向 CCS 提出投诉之前必须遵守这些程序。这些要求事务律师告知他们的委托人如何表达他们对所提供服务的任何疑虑。然后事务律师需要在执业机构

---

[1] 1990 年《事务律师执业规则》。
[2] 事务律师协会《事务律师职业行为指引》，第 13.07 条。

内对投诉进行调查，并在审查结束时以书面形式向委托人提供答复。必须向不满意的委托人提供有关 CCS 及其角色的信息。

7. 投诉可分为三大类。在可能需要补救的案件和与行为问题相关的案件之间，这些类别仍然存在，但是新的事务律师协会运作系统倾向于在案件管理中进行职能划分。这三个类别是：

- **职业服务不足（IPS）**——例如不执行委托人的指示，或者允许不合理的拖延。如果 CCS 支持投诉，它可以通过减少事务律师的账单、命令事务律师向委托人支付高达 5,000 英镑的赔偿或者告诉事务律师纠正错误并支付相关成本来提供补救。

- **职业不端行为**——例如未能就委托人的业务保密，或者未能在到期时向委托人付款。这些问题通常可能相当于职业服务不足，因此可以在适当的情况下提供补救措施。如果投诉不包含职业服务不足的要素，则不能给予补救。无论在哪里发现职业不端行为，无论是否相当于职业服务不足，事务律师协会都可以通过申饬的方式对事务律师进行惩戒。事务律师协会可以对事务律师的执业证书设置条件。严重的案件可能会提交给事务律师惩戒裁判庭。

- **疏忽**是一个法律概念，疏忽案件可能包括服务不足和/或者不端行为的情况。事务律师协会通常不

第 C 章 投诉和惩戒

会参与针对事务律师的疏忽索赔,除非还有职业服务不足的要素(并且损失在 CCS 的 5,000 英镑的救济限制范围内)或者职业不端行为。相反,将建议认为其事务律师存在疏忽的委托人向该事务律师提出索赔。可以通过愿意代理索赔人的事务律师事务所小组提供建议。索赔通常由事务律师的职业赔偿保险人处理。在任何索赔被拒绝的情况下,委托人通常必须上法庭才能提出索赔。

8. **出庭律师公会**负责处理针对出庭律师的投诉,并要求出庭律师工作室制定正式的投诉程序。出庭律师必须迅速、礼貌地处理投诉,并以解决提出的问题的方式处理投诉,并且出庭律师工作室负责人有确保遵守这些规则的职责。

9. 如果投诉未在执业者层面解决,投诉人可以向不是律师的出庭律师公会投诉专员提出正式投诉。在专员认为事项超出出庭律师公会职权范围的情况下(在这种情况下,它不被视为正式投诉),或者他认为没有根据的情况下,可以驳回投诉。专员也可以尝试居间调解。

10. 出庭律师公会将投诉的要素分为相同的三大类:

• **职业服务不足**——出庭律师公会可以要求出庭律师向委托人道歉、退还费用和/或者支付高达 5,000 英镑的赔偿。

- **职业不端行为**——例如，可能涉及某些不诚实或者严重不称职的严重错误或者不当行为。出庭律师公会不能给委托人判赔，但是可以对有关出庭律师采取惩戒行动。

- **疏忽**——与事务律师协会一样，出庭律师公会一般不会考虑疏忽索赔，除非在某些情况下包含职业服务不足的成分。对于超过 5,000 英镑的索赔，出庭律师公会可能会建议投诉人通过法院提出索赔。

11. 出庭律师公会可以就同一投诉处理不端行为和职业服务不足的出庭律师。

12. 如果出庭律师公会的投诉专员认为投诉是合理的，他会将投诉提交给出庭律师公会的职业行为和投诉委员会（PCC）。出庭律师公会本身亦就出庭律师违反执业规则（例如未能遵守继续教育或者保险要求）提出多项投诉。此类投诉直接提交给 PCC，专员不予考虑。在开会时，PCC 由大约 18 名出庭律师和两名出庭律师公会的非专业代表小组的成员组成。除非外行成员同意，否则 PCC 不能驳回投诉。

13. 如果投诉仅涉及职业服务不足，则 PCC 会将案件转交裁判小组（由专员担任主席，再加上两名出庭律师和一名非专业成员组成）。裁判小组确定投诉是否成立，并决定应处以何种处罚，包括对投诉人的任何赔偿。

14. **其他职业/规制团体**——《协商文件》还解释说，

其他法律服务提供者,例如法务员和持照产权转让人,都有遵循原则大致相似的投诉程序。

15. 监督——有两个重要的监督安排:

• 政府于 1990 年成立的**法律服务监察专员**(**LSO**),他不能是合格律师,完全独立于法律职业。LSO 的职能是,在向其转介的情况下,调查各个一线团体对个人就事务律师、出庭律师、专利代理人、法务员和持照产权转让人提出的投诉的处理情况。LSO 有权建议或者命令执业者和/或者一线团体向投诉人就损失、痛苦或者不便进行赔偿。LSO 可以判付的赔偿没有最高限额。LSO 还可能建议一线团体重新审理投诉,或者他对被投诉的律师行使权力,例如,惩戒律师的权力。LSO 有权调查最初的投诉,但是迄今为止很少使用。LSO 还可以就一线团体处理投诉的安排向其提出建议。LSO 的服务对消费者免费。

• 2004 年 2 月,宪法事务大臣正式任命现有的 LSO 兼任独立的**法律服务投诉专员**(LSCC)[1]。目前,LSCC 的权力仅限于监督事务律师协会处理有关事务律师的投诉。但是,如果国务大臣认为其他团体处理投诉不令人满意,他可以将 LSCC 的权力扩大到包括其他团体。LSCC 有权设定投诉处理的目标,就

---

[1] 1999 年《近用司法法》第 51 条规定任命一名法律服务投诉专员。

投诉制度提出建议，并要求事务律师协会提交改进投诉处理的计划。LSCC 可以对未能就投诉处理采取措施的事务律师协会进行处罚。

与现有投诉处理和监督安排有关的问题

16. 现有的一线和监督团体处理投诉的方式产生了许多问题。这些问题涉及：

（ⅰ）一线团体的投诉处理记录；
（ⅱ）对当前制度独立性的信心程度；
（ⅲ）就有重叠活动的一线团体，为消费者提供的救济安排的一致性和明确性；
（ⅳ）现行监督制度的重叠。

我们依次讨论每个问题。

17. 对事务律师的投诉处理记录近年来一直备受批评。特别是，LSO 最近的几份年度报告一直批评该系统的缺陷。总的来说，人们的担忧主要集中在处理投诉的严重延误和结果质量问题上。这最初归因于投诉处理流程管理不善和资源不足。

18. 宪制事务部为事务律师协会设立了多项投诉处理指标。在 2003 年 1 月至 2004 年 11 月期间，这些目标包括

第 C 章 投诉和惩戒

一系列目标：60%的调查将在 3 个月内完成，75%在 6 个月内完成，85%在 12 个月内完成，97%在 18 个月内完成，其余 3%在 21 个月内完成。它还设定了与案件处理质量相关的目标。然而，有人担心它未能实现这些目标。特别是 LSO 在 2003 年 4 月—9 月的报告中说：

> "宪制事务部已经确定了 OSS 预期完成其工作的速度和质量的指标，并在本年度有所降低，以反映 OSS 在招聘员工和交付新 IT 系统方面遇到的严重问题。即使有这些减少，统计数据……表明 OSS 目前远未达到其商定的目标。"[1]

19. 在他最近的报告[2]中，LSO 指出，随着 CCS 的重组，处理的案件数量有所改善，尽管对处理质量的担忧仍然存在。

20. 2004 年 11 月，LSCC 为事务律师协会制定了一系列新目标，要求他们在 3 个月内办结至少 55%的投诉，在 6 个月内办结 75%的投诉，在 9 个月内办结 85%的投诉，在 12 个月内办结 92%的投诉，在 18 个月内办结 98%的投诉。LSCC 还要求将所有超过 18 个月的投诉移送事务律师

---

〔1〕 *Breaking the Cycle*, The Office of the Legal Services Ombudsman, Interim Report, April to September 2003, published in November 2003.

〔2〕 *In Whose Interest?* -Annual Report of the Legal Services Ombudsman for England and Wales 2003/2004.

协会的合规委员会。此外，LSCC 还制定了旨在提高客户满意度和 CCS 决策质量的目标。

21. 出庭律师公会和事务律师协会的投诉量很难直接比较，主要是因为所提供服务的性质，而且出庭律师公会主要是法律职业的"转介"分支，因此大多数消费者通过事务律师联系他们的出庭律师。在向出庭律师公会投诉的人中，超过三分之一的人——以及在过去 4 年中越来越多的人——称，他们的投诉得到了不公平的处理，并向 LSO 提出上诉。从一线团体到监督团体，这比对事务律师的投诉处理的上诉要高得多。它提出了有关如何处理投诉以及如何将决定传达给投诉人的一般问题。与此相反，应当认识到，鉴于出庭律师大部分业务的对抗性质，将有赢家和输家。此外，出庭律师公会公平地指出，大多数上诉都没有成功。

22. 《肯特里奇报告》[1]承认，随着出庭律师公会逐步允许更广泛的直接近用（委托人在没有事先委托事务律师的情况下近用出庭律师的服务），这可能会对投诉数量和案件处理的复杂性产生影响：

> "我们还认为，无论是否正当，针对出庭律师的投诉数量可能会增加，尤其是因为直接委托出庭律师的外行委托人不会得到事务律师的协助来帮助他们判

---

〔1〕 op. cit.

断出庭律师的行为是否适当。还有一个风险是，他们可能不了解出庭律师能够提供的服务的局限性。"

23. 引入新形式的法律执业机构（例如第 F 章讨论的法律行业执业机构）也可能增加处理投诉的复杂性。

24. 一线规制团体运营的投诉处理制度的独立性也令人担忧。公众或者代表他们的组织对《协商文件》的许多回应表明，这导致公众对法律职业缺乏信心：

> "我们认为，消费者对律师处理对其同事的投诉的能力的信心已经不可逆转地受到破坏。"——法律行动小组

25. 缺乏独立性强化了许多消费者的感觉，即他们在向律师提出投诉时处于特别不利的地位。虽然如第 B 章所设想的那样，一线团体的规制和代表职能之间的明确分立，可能会减少公众对这些机构处理投诉缺乏独立性的担忧，但是不太可能完全消除这些担忧。LSO 对《协商文件》的回应评论说：

> "从监察专员办公室与数千名法律服务消费者的接触中可以清楚地看出，很多人继续感到被法律程序本身剥夺了权利，并且在他们可能对律师提出投诉的任何尝试中处于不利地位。在一个经常声称消费者比以

往任何时候都更有信心和更了解情况的时代,我怀疑(尽管有相反的轶事)与其他服务领域相比,法律服务领域的情况远不是这样。因此,我敦促开发以致力于透明、可近用性和包容性为特点的新系统和结构。"

26. 虽然 CCS 的引入似乎在处理投诉的速度方面取得了一些初步改进,但是它并不比其前身——OSS——更独立,而且似乎不太可能获得公众对其决策独立性的更大信心。

27. 现有安排还导致另一个问题,即它们有可能造成不一致和在消费者心中缺乏对补救途径的明确性,最明显的是,在同时对事务律师和出庭律师提出投诉,或者在消费者心中不确定实际过错在哪里的情况下:

"……在任何个人事务中,在服务使用者的脑海中出庭律师和事务律师的责任存在混淆……"——移民服务专员

"对于不经常使用法律服务的消费者来说,很难确切地知道哪里出了问题。例如在法庭上,引起投诉的情况可能是出庭律师或者进行委托的事务律师的作为或者不作为的结果。消费者通常不能很好地确定一个职业职责在哪里结束和另一个职业的职责在哪里开始。"——消费者协会

28. LSO 发现其他一线团体成员造成的投诉要少得多。这在一定程度上反映了在法律服务领域中这些其他团体的规模较小。不过，这些其他团体确实产生了需要解决的问题。其中之一是法律服务提供者（例如法务员协会成员）的投诉系统与 CCS 系统（CCS 系统的工作由个人在事务律师的监督下进行）之间存在重叠。消费者可能会感到困惑，因为投诉可能由个人自己的一线团体或者 CCS 处理，有不同的流程和不同结果的可能性。

29. 情况更加复杂，因为在 LSO 对其他一线团体的管辖范围并不一致。在某些情况下，LSO 有权仅考虑因执业者可能提供的某些服务而产生的投诉。例如，就专利代理人而言，LSO 仅处理有关特许专利代理人协会成员提供的诉辩服务的投诉。

30. 关于第 15 段中概述的投诉监督团体，在第 B 章中讨论的与其他规制职能相关的重叠和分散的监督安排，也是该领域的安排的一个特点。

31. 最近任命的 LSCC 对特定团体拥有权力，这对 LSO 的现有权力产生了影响。LSCC 正在接管目前在宪法事务部内对 CCS 进行的目标设定和监测/分析，但是拥有对其规制失灵处以罚款的新权力。外界很难理解为什么认为 LSCC 的权力不能授予 LSO，而新的职位却可以由同一人兼任。在二者的授权立法中，在许多地方 LSO 和 LSCC 的措辞是相同的，这两个办公室在许多方面都是镜像。关于 LSCC

的 1999 年《近用司法法》的解释性注释[1]解释说，这些条文"在很大程度上与关于法律服务监察专员职务的规定相似……因此，如果认为合适，这两个职位可以合并"。然而，这两个办公室并没有合并甚至位于同一地点——LSO 在曼彻斯特运营，而 LSCC 的办公室在利兹。2003 年 9 月，宪法事务大臣在宣布任命 LSCC 时表示，在审议本审查报告的研究结果之前，将任命目前的 LSO，作为事务律师协会的 LSCC 的临时措施。[2]

32. 除了 LSO 和 LSCC，宪法事务部的国务大臣、掌卷法官、金融服务管理局、专利局和移民服务专员都是对投诉进行不同程度外部监督的提供者。但是该情况还包括掌卷法官任命的事务律师协会独立专员，他担任事务律师协会投诉处理业务的审核者，而非一线案件调查的角色。出庭律师公会投诉专员并非监督规制者，而是由出庭律师公会任命的一线投诉处理者。

33. 虑及我的权限范围，我并不认为当前的制度能够足够地独立于法律执业者，它也不能提供适当的一致性和清晰性。当前的系统不太适合提供灵活性来适应新的法律提供者进入网络（如第 E 章所述），或者允许不同背景的律师可以一起工作的替代性商业结构（如第 F 章所述）。目前的监督安排令人混淆。

---

[1] 第 197 段。
[2] DCA press release, Friday 26th September 2003.

投诉处理和监督安排的可能改革

34. 关于一线团体监督规制者的角色,有许多解决方案。如第1段所述,高级别的选择在于在这些选项之间进行选择:(ⅰ)将责任从一线团体转移到一个独立的消费者投诉团体;(ⅱ)将消费者投诉留给一线团体,但是要接受监督,这一制度类似于目前存在的制度。(ⅲ)有单一入口,所有消费者投诉都被传递到一线团体处理。这基本上是一个"邮局"的角色,尽管有一种可能的变体,在这种变体下,投诉可能会被分为不同的类别或者类型的投诉。

35. 我不赞成选项(ⅲ)的任何一种变体,因为我认为,消费者投诉的"邮局"角色,无权处理投诉的实质,只是在流程中增加了额外的层次,并且几乎没有提供附加值。

36. 就选项(ⅱ)而言,如果遵循这一点,对监督职能进行一些合理化将是有益的。但是在我看来,这并不足以解决将投诉留给一线团体处理的独立性和消费者信任问题,或者简约性和一致性问题。

37. 我的结论是,处理所有消费者投诉的单一独立投诉处理机构是最好的前进方式。它将对一线团体和主要监督团体的投诉受理单位进行全面清理。这样的安排将有以下好处:

● 提供一个独立于法律职业的系统；

● 为所有消费者投诉提供一个有一个入口的单一的系统，使系统对于消费者而言更简单；

● 给流程带来更高的一致性和清晰度；

● 带来更大的灵活性，特别是使其更容易适应替代性商业结构。

它还可以使数据得以收集，这些数据可用作有价值的信息来源，据此可以就在哪里努力改善一线团体的服务，做出明智的决定。

38. LSO 支持独立投诉处理团体的论点，它在回应《协商文件》时表示：

"无论围绕职业团体是否保留投诉处理的观点如何权衡，这个想法本身已经失去了任何正当性——消费者文化已经发展。我相信，在目前的审查报告之后的任何改革中，一个独立的总体规制者和一个独立的投诉处理办公室将是最低可接受的结果。"

39. 全国消费者委员会也同意单一的投诉系统是提供公平和一致的投诉处理系统的最佳方式：

"我们强烈倾向于独立于职业团体的统一投诉组

织……拥有单一门户将改善对投诉系统的近用。"

40. 消费者协会也倾向于单一的投诉处理机构,并在回应《协商文件》时表示:

"一个统一的投诉处理组织的吸引力在于一站式服务对消费者的简约性。"

41. 重要的是,建立单一的投诉处理机构不应被视为一线团体对投诉洗手不干的机会。可以预料,新的安排将涉及一线团体,并建立机制,使规制者和执业者自己能够从投诉中吸取教训,从而成为质量标准的向上推动者。此外,由于该制度目前主要由执业者资助,因此执业者将有动力密切关注该制度。

42. 一些人认为,只有在可以证明现有系统已失灵并且有证据表明任何新系统会导致投诉得到更高效、迅速或者令人满意的处理时,才应对现有安排进行任何更改。就现有安排而言,出庭律师公会尤其主张,不应因为其他人的失灵而强加改变。

43. 但是,LSO、全国消费者委员会和消费者协会提出的单一独立投诉系统的论点远远超出了事务律师协会的失灵。我认为单一投诉制度应当涵盖对所有律师的投诉,并得出结论认为,就出庭律师公会建立一个例外是错误的。

44. 如果要建立例外，则会产生对下列情况的例外：

● 消费者投诉制度应当高度独立于相关一线团体的目标；

● 简约化目标，这对于寻求制度清晰性的消费者很重要，尤其是在不确定投诉是针对进行委托的事务律师还是出庭律师的情况下；

● 一致性目标，这在出庭律师公会正在采取一些措施以允许更多的直接近用时很重要；

● 灵活性目标，以便更容易提供新的商业结构形式，例如，出庭律师和律师可以一起工作。

45. 法律服务监察专员在他的回应中对例外问题的评论如下：

"将投诉处理从职业团体中移除，可能会引起其投诉处理记录令人满意的人的不满。现在有一种可以理解的感觉，即'好人'有因相对差的人的失灵而受到惩罚的危险。虽然我可以理解这种反应，但是我认为这是误解。出于可近用性和一致性的原因，创建这样一个系统是不合适的，即在该系统中，一些投诉人能够找到一个新的独立投诉处理组织，而其他人则被要求向相关的职业团体投诉。同样重要的是，任何新制度都不应当被视为对失灵的惩罚，而是试图使规制

(包括投诉处理)与关于消费者救济的普遍假设保持一致……"

46. 我的结论是,应当成立一个覆盖所有一线规制团体的独立投诉组织。我暂时将其称为法律投诉办公室(OLC)。虽然独立处理投诉,但是法律投诉办公室应当接受法律服务理事会的全面监督,法律服务理事会有权任命和解散投诉机构(参见下文第 64 至 66 段)。法律投诉办公室应确保一线规制团体参与投诉处理过程,即建立反馈回路,使职业人员能够从投诉中学习,以便他们能够作为质量标准的向上推动者。

法律投诉办公室的职责和权力以及 将事项下放给一线团体的协议

47. 法律投诉办公室的创建将提供一个对消费者免费的单一制度。该制度将涵盖所有消费者对法律服务理事会规制的法律服务提供商的投诉。

48. 虽然法律投诉办公室应当负责处理各个投诉,但是它还应当发挥更具战略性的作用(与法律服务理事会一起),例如为执业者处理"内部"投诉设定目标。它还应当负责监督由一线团体运营的赔偿保险计划和赔偿基金安排的适当性,特别强调确保这些为消费者提供令人满意的保护。

49. 法律投诉办公室的目标应当是以任何适当的形式向消费者提供快速和公平的救济，而不过度参照第 57 段和第 58 段中进一步讨论的分类问题。因此，我建议一旦收到投诉，法律投诉办公室应当首先尝试在投诉人和执业者之间就投诉进行调解。如果失败，法律投诉办公室应有权进一步调查投诉。在此过程中，法律投诉办公室应有权要求被投诉的执业者提供可能需要的任何信息或者文件，以协助法律投诉办公室对投诉进行调查。

50. 法律投诉办公室将参照其认为在案件的所有情况下公平合理的方式来确定投诉。它应当有权为消费者判付救济，这可能包括以下权力：

- 要求律师向投诉人道歉；
- 要求减少律师费；
- 要求重新完成工作并纠正错误；
- 下达赔偿令，最高限额由法律服务理事会规定。

51. 在遵守任何可用的上诉权的情况下，法律投诉办公室发出并被投诉人接受的命令应当对执业者具有约束力。在执业者拒绝遵守法律投诉办公室发布的具有约束力的命令的条款的情况下，法律投诉办公室做出的经济判付可能适合执行，就好像它是法院判决一样，并将此事报告给有关的一线团体。

52. 在考虑投诉时，如果法律投诉办公室认为执业人员可能存在某些职业不端行为，则应当将投诉的这方面问题提交给相关的一线团体。法律投诉办公室将行为事项下达给一线团体，将需要各方之间的密切联系。正如本章稍后所讨论的那样，对与执业者有关的行为问题的检控将由相关的一线团体负责。但是，如果有新颖或者有争议的因素，或者事项引起了更广泛的公共利益问题，我认为应当有在一线团体的适当裁判庭面前检控行为投诉的备用权。该备用权应当由已经熟悉此案的法律投诉办公室行使，还是应由法律服务理事会（将对政策事项负有监督责任）行使，还有待考虑。

53. 一般而言，在等待任何惩戒听证会的结果之前——这可能需要相当长的时间——延迟向投诉人提供救济（法律投诉办公室认为可能需要这种救济）是难以令人满意的。因此，我认为法律投诉办公室应当在考虑案件案情的情况下，向投诉人提供适当的救济，同时将此事转交相关的一线团体，以进一步调查行为问题并采取可能的惩戒。给予救济不应影响对任何相关不端行为案件的裁决。

54. 关于对法律投诉办公室的决定提出上诉的可能性，有多种选项，包括小组审查权、完全上诉权或者无上诉权。我不明确建议应当选择哪个。我承认，总体而言，投诉处理和上诉制度必须保障投诉人和执业者的公平程序权利。然而，鉴于创建法律投诉办公室的目标是通过最少的手续从独立机构提供快速和适当的救济,我希望能够在不引入复杂的上诉机制的情况下实现公平的程序,因为上诉机制可能会持续结果对各方的不确定性。

55. 法律投诉办公室还应当与一线团体构和法律服务理事会就传递有关投诉情况的一般统计信息保持定期对话。这将有助于凸显需要传递给执业者的重要学习信息。

56. 法律投诉办公室还应与其他主要利益相关者(例如消费者团体)合作,以确保消费者适当了解投诉处理流程。法律投诉办公室应当发布年度报告,说明它以及一线团体在处理投诉方面的表现。

投诉分类

57. 如本章前面所述,一线团体区分投诉的不同要素,并将其分为三个主要标题:

(ⅴ)职业服务不足;
(ⅵ)职业不端行为;
(ⅶ)疏忽。

然而,消费者通常不会做出这样的区分,而只是就他们认为的不公正行为寻求救济。上一节列出了一个制度,旨在为消费者提供快速和公平的救济,以任何适当的形式,而不过度考虑分类问题。当前的投诉处理制度通常无

第 C 章　投诉和惩戒

法在职业不端行为或者疏忽的情况下提供这种救济，这一事实令许多消费者感到沮丧。例如，许多消费者可能很难理解投诉处理机构无法为严重的职业不端行为案件提供赔偿，但是有权对不那么严重的职业服务不足事务判付最高5,000英镑的赔偿。告知投诉人他们需要在法庭上寻求救济，并因此需要聘请另一名事务律师，这是不能令人满意的。

58. 虽然消费者可能不关心投诉的分类，但是建议的制度不能完全绕过这个问题，因为执业者可能会担心。疏忽是一个法律概念，执业者享有权利，包括根据《欧洲人权公约》和1998年《人权法》。因此，虽然法律投诉办公室能够在没有不当参照事务分类的情况下，作出对执业者不利的判赔，但它不应无限制地这样做。此外，法律投诉办公室在不移送法院的情况下的判赔水平将引起保险公司的关切。考虑到相互冲突的压力，需要以比例方式设定赔付水平；我们还建议法律服务理事会在与法律投诉办公室和其他利益相关方（如一线团体和保险公司）进行适当协商后确定。如果无法通过其他方式（例如调解）解决高价值案件，仍需提交法院审理。

内部投诉处理

59. 此外，在将投诉正式移交法律投诉办公室之前，如何解释调整投诉处理程序的规则也存在问题。例如，

《事务律师执业规则》[1]第 15 条规定,事务律师应有内部投诉处理安排。然而,有一些证据表明该规则并未被该职业的成员以一致的方式应用:

> "事务律师协会通过的这条规则要求事务所有自己的投诉机制,并改善他们在接受委托时向委托人提供的信息。该规则被相当大比例的职业人员嘲笑或者误解。有各种形式的抵制,包括不遵守规定和勉强遵守规定,通过冗长和难以理解的委托人关怀信件,这些信件破坏了清晰和良好交流的目标。"[2]

60. 关于目前要求律师有内部投诉安排的要求存在很多争论,委托人在将案件提交给现有的各种投诉当局之前必须用尽这些安排。

61. 一方面,律师确实应当有机会在问题升级,给所有相关人员造成了不必要的压力和成本之前解决投诉。改善规制专责小组在回应《协商文件》时,强调最好是在执业者层面建立有效的内部投诉处理程序。许多负责任的律师不仅希望这样做,而且还希望从投诉中学习,并将其视为收集消费者信息的宝贵手段,这可能有助于他们改善服务交付。相反,有些消费者因为目前别无选择,只能向律

---

[1] op. cit.

[2] *Self-regulation and the market for legal services*, Professor Moorhead, Cardiff Centre for Ethics, Law and Society, Cardiff University, 2004.

师提出投诉而不敢投诉，因为律师可能是造成他们相当苦恼的原因。这种情况在单独执业者或者较小的事务所的情况下可能会加剧，因为它们的规模小，不存在明显的投诉处理部。

62. 考虑到这些因素，并且由于在地方一级解决投诉可能会更快、更便宜且对所有相关人员来说都不会那么繁琐，我赞成这样一种方法，即要求律师进行"内部"投诉处理制度，该制度要符合规制者规定的明确标准，并要求消费者首先向律师投诉。然而，我认为有两种情况消费者应当能够在内部程序结束之前向法律投诉办公室提出投诉：

- 如果他们在提出投诉的较短期间内（由法律投诉办公室具体规定期间）没有收到初步回执；
- 如果在提出投诉后一段合理的时间（同样要由法律投诉办公室具体规定期间）后无法与他们的律师解决投诉。

63. 此外，如果有证据表明消费者与律师之间长期存在困难且可能严重不合关系，应当允许投诉人直接向法律投诉办公室提出投诉，我对此表示赞同。然而，我不希望将此视为就任何更普遍的与投诉当局的直接联系"打开大门"。

法律投诉办公室的可能治理安排及其与法律服务理事会的关系

64. 需要解决的主要问题是,单一投诉团体是否应当是一个具有自己法定目标的独立机构,还是应当是法律服务理事会框架的一部分,尽管有独立的人员和牌子。支持它独立存在的论点是,它的重点将是并且显然是为了公共利益解决投诉。反对的论点是,这一目标显然包含在第 A 章讨论的法律服务理事会本身的目标中。如果法律服务理事会对投诉的处理方式没有监督,它就无法实现为其设定的规制目标。为实现第 A 章规定的"保护和促进消费者利益"的目标,将设立两个规制团体;虽然很明显,各个投诉的处理由法律投诉办公室负责,但是律师或者其一线规制团体导致的消费者投诉的系统性失灵可能同时由法律服务理事会和法律投诉办公室负责。

65. 我的观点是,最好开发这样一个规制制度:一个以法律服务理事会为首的框架,并纳入法律投诉办公室。法律服务理事会在制度和政策问题上对法律投诉办公室具有监督权,但是对具体投诉没有权力。金融监察员服务局(FOS)就是这方面的先例。虽然它有一个单独的理事会,但是其整体职能和预算受到 FSA 的监督,FSA 任命 FOS 理事会成员。这种程度的监督应当有助于合作并避免重复。尽管如此,我知道政府在其对金融服务行业的 N2+2 审查中，正在研究规制者和投诉团体之间的关系，我们也许可以从该审查中汲取教训，为有关法律服务业的辩论提供参考。

66. 根据从 N2+2 审查中吸取的任何教训，我认为法律投诉办公室应当有一个理事会结构，其主席应当是一名非律师人员。理事会应当以非职业人员为多数，但是应包括受法律服务理事会规制的法律职业人员。所有任命都应遵循"诺兰"程序，基于考绩。

与各种投诉制度相关的成本

67. 与投诉系统相关的成本可见于附录 3 的安永会计师事务所报告。当前制度的运行成本约为 2900 万英镑。主要费用由事务律师协会的投诉处理团体承担。然而，该数字也包含了其他一线规制者和监督规制者的相关成本。

68. 安永会计师事务所报告估计，新的单一投诉团体法律投诉办公室的成本约为 2300 万英镑。虽然过渡到新机构会产生成本，但是消除大量团体的投诉处理活动将节省大量资金。

69. 尽管有这些可能的节省，但是推荐一个独立的投诉处理系统的决定不是由成本驱动的，而是由法律投诉办公室将引入的其他优势决定的，例如可表明的独立性和清晰度。

投诉制度的经费

70. 投诉制度的费用通常由服务提供者（而不是公共钱包）承担。必须为规制框架提供足够的经费，使其能够正常运作，但是又不会给被要求提供经费的人带来过度的负担。处理有关服务提供者的投诉的成本很可能由提供者通过增加律师费或者其他收费的方式转嫁给消费者。在法律服务领域，费用通过执业证书或者年费收取。CCS 部分引入了"污染者付费"制度，如果发现过错，将在投诉过程结束时收取费用。LSO 的费用目前由政府通过宪法事务部的预算提供资金。LSCC 的经费将主要由其监督的职业支付。

71. 我认为任何新的法律领域投诉处理系统的成本不应由纳税人承担。经费的一部分应通过各一线规制团体的一般性征费来获得，部分则应当由被投诉的人支付——"污染者付费"原则。准确的数字需要由法律投诉办公室在与法律服务理事会讨论并经过适当协商后确定。

惩戒：现有的惩戒安排

72. 事务律师协会——事务律师惩戒裁判庭（SDT）是根据 1974 年《事务律师法》第 46 条成立的。它独立于事务律师协会，但是由事务律师协会提供资金（由宪法事务部支付费用的非专业成员除外）。掌卷法官任命 SDT 成员。

73. SDT 的主要职能是听取针对事务律师不当行为或者其他违反其行为规则的行为的指控。任何人都可以向 SDT 提出申请，尽管大多数申请是由事务律师协会提出的，通常是在其合规局调查之后提出的。除特殊情况外，SDT 的听证会公开举行，并在三名成员面前进行——两名事务律师和一名非职业人员。裁判庭通常会立即宣布其命令。它的认定结果大约在八周后公布，这些都是作为公开记录的文件。SDT 可以对事务律师处以固定期限或者无限期停止执业，对其处以谴责，对其处以罚款（罚款应支付给英国财政部），以及禁止事务律师的雇员在未经事务律师协会同意的情况下在法律执业机构工作。对 SDT 的决定可上诉于高等法院。

74. **掌卷法官**——如第 B 章所述，掌卷法官具有与法律职业——尤其是事务律师协会——有关的多种职能。在惩戒事务方面，他听审执业者对事务律师协会对其执业证书设定的条件的上诉。这样的条件可能是事务律师不能在某个法律领域执业，或者只能在受监督的情况下执业。

75. **出庭律师公会**——如果有关出庭律师的投诉涉及职业不端行为，职业行为委员会可将投诉移送至：

- 非正式听证会；
- 简易程序小组；

● 四家出庭律师会馆的惩戒裁判庭。

76. 上述每一项都有出庭律师和非职业代表的混合。对于最严重的惩戒案件，出庭律师将在四家出庭律师会馆的惩戒裁判庭出庭。该裁判庭由一名法官主持，还有两名出庭律师和两名非职业代表小组成员。出庭律师可以就惩戒裁判庭向"巡视员（visitors）"[1]提出上诉，巡视员是由首席大法官任命的高等法院法官。

77. **其他法律服务提供者**——有类似的惩戒裁判庭来审理和裁决对其他被授权的法律执业者提起的案件，例如法务员和持照产权转让人。尽管这些裁判庭的结构和运作方式各不相同，但是每个裁判庭都以与SDT和出庭律师会馆的惩戒裁判庭相似的方式行事，力求保持独立、不偏不倚和公平的原则。

78. 一般而言，为审理和裁决针对法律职业团体成员的案件而设立的裁判庭由有关团体直接提供资金。

当前制度存在的问题

79. 对《协商文件》的大部分回应都强调，各个制度需要继续保持独立，无论是独立于一线团体还是独立于政府。大多数人认为，这种程度的独立性对于赢得职业和公

---

[1] Hearings Before the Visitors Rules 2002.

众对系统的信心至关重要。尽管许多人对现有安排感到满意，但是对资金安排仍有一些担忧。一些人认为，为了实现真正的和明显的独立性，各种惩戒裁判庭不应当由职业团体直接资助，因为惩戒裁判庭正在就其成员作出决定。

80. 一些运行中的制度的透明度以及一致性也存在问题。有人对各种裁判庭的组成和最终结果表示担忧：

> "处罚和执行以及调查的标准和一致性应当保持一致……"——移民服务专员

81. 另一个需要考虑的领域是由出庭律师会馆运作的制度，在该制度中，司法机构在对出庭的出庭律师进行惩戒过程中发挥着重要作用。在我看来，支持司法机构参与的理由是，法官在确定与诉辩有关的事项时能运用经验。但是对于事务律师协会成员或者有权行使出庭发言权的其他法律职业团体的成员而言，在法庭工作事宜方面并没有类似的安排。

82. 另一个问题涉及掌卷法官的角色。尽管他在司法方面具有资历，但是第 74 段提及的要求他审理的事务律师提出的上诉，往往重要性相对较小。

系统可能发生的变化

83. 一些受访者建议都应当有一个适用于所有律师的

单一的惩戒当局，并认为这可能会降低成本并带来更多的一致性。其他人则认为，现有安排运作高效且有效，不应作出任何改变。

84. 虽然为所有律师设立一个单一的惩戒裁判庭将鼓励一致性，并意味着随着时间的推移可能会提高惩戒案件的裁决效率，但是收益将在很大程度上处于边缘地位。很少有人就现有的惩戒安排提出重大关切。鉴于该安排需要受到欧洲人权法院的审议，这也许不足为奇；并且如果存在严重缺陷，则这些将受到法律挑战。我的观点是维持现有的惩戒安排是合理的，但是要考虑为解决上述一些问题而进行适度的改变：

- 司法机构参与惩戒安排——在上文第81段，我指出司法机构成员确实参加由出庭律师会馆召集的惩戒裁判庭，但是不参加处理法庭工作事务的其他法律职业团体的裁判庭。司法机关在多大程度上参与此类事务，以及在律师的工作影响法院运作的情况下，司法机关应当如何适用公平参与原则，是司法机关需要考虑的问题。

- 向掌卷法官提出上诉——为了消除掌卷法官在审理第82段提到的对事务律师协会作出的惩戒决定提出上诉的案件时的反常现象，我建议任何此类上诉应改为向高等法院提出。

- 审查裁判庭的权力——为确保其权力的一致性

和持续适当性，应当要求每个惩戒裁判庭审查其权力，并每年向法律服务理事会提供报告，包括处理的案件数量和结果的统计信息。法律服务理事会或者相关裁判庭可以向宪法事务大臣建议对任何裁判庭权力进行变化，或者对任何其他安排或者程序进行他们认为适当的修改。国务大臣应有能力通过次级立法修改任何惩戒裁判庭的此类权力或者安排。

惩戒系统的成本和资金来源

85. 上述提议的对现有惩戒安排的改变，对这些安排的成本没有重大影响，如安永会计师事务所报告所述，其总成本约为 600 万英镑。

86. 人们就是否应当改变当前的资助 SDT 的制度，以确立其在行政和决策方面独立于事务律师协会的地位，提出了问题。一种可能性是，SDT 费用可以由 SDT 直接向事务律师协会成员收取，而不是通过事务律师协会本身来收取。根据本审查报告中提出的安排，为确保适当的资金和增强独立性的另一项建议是，法律服务理事会应当从其向一线规制者征收的规制费用中为惩戒裁判庭提供资金。

87. 然而，我不相信这样的改变是必要的。裁判庭的资金将来自一线团体的规制部门。法律服务理事会将有权监督一线团体的惩戒安排。如果对各个团体为确保适当性和独立性而作出的充分安排或者提供的足够资源感到不满意，则它有权要求进行更改。

结 论

88. 本章涵盖了法律服务领域内投诉制度的运作。出于独立性、简约性、一致性和灵活性的原因，我认为由一个独立的投诉处理机构处理所有消费者投诉是最好的前进方式。这应当不会比当前系统更昂贵，甚至其可能更便宜。提议的法律投诉办公室将构成单一的法律服务理事会框架的一部分，并将涵盖法律服务理事会所涵盖的所有一线规制者。

89. 有关职业行为的问题，包括可能的惩戒行动，将移交给一线团体。以统一的方式处理此类惩戒事务，并采用单一的惩戒裁判庭制度，是有道理的。但是本章的总体结论是，现有的惩戒制度运作良好，只需要稍作改动，大体上保持原样即可。

第 D 章　治理、问责和其他相关问题

导　言

1. 本章转向有关规制框架的详细问题；尤其是讨论规制者的治理和问责问题。

2. 所讨论的问题是《协商文件》中提出的问题：

● 第 3 段至第 5 段讨论的是规制者应当是理事会还是个人；

● 第 6 段至第 9 段讨论的是理事会的结构和规制者的组成；

● 第 10 段至第 17 段讨论的是任命程序；

● 第 18 段至第 20 段提出了有关规制者的独立性和资格问题；

● 第 21 段至第 25 段审视了对规制者问责的方式；

● 第 26 段至第 30 段讨论了规制者的协商职责；

● 第 31 段至第 33 段评论了对规制者决定的上诉程序；

- 第 34 段至第 37 段讨论了资金问题；
- 第 38 段至第 41 段审视了法律官员与规制制度之间的关系；
- 第 42 段列出了广泛的结论。

规制者：理事会还是个人

3. 《协商文件》承认规制者可以是个人或者理事会。20 世纪 80 年代首次设立公用事业规制者时，单一规制者很常见，但是现在的趋势是理事会作为规制者。

4. 有充分的理由相信，将规制者的权力赋予一个理事会而不是一个个人会更好。理事会提供专业知识和意见的来源。它提供了一个机会，将来自不同背景的个人聚集在一起，包括法律服务的提供者和消费者。重要的是，它减少了问题的个人化，这种个人化可能会分散注意力。

5. 绝大多数受访者支持法律服务规制者应当是一个理事会的想法。本章的其余部分假设规制者将是一个理事会，即法律服务理事会，具有第 A 章和第 B 章所述的广泛目标和权力。

理事会结构和组成

6. 法律服务理事会将是一个重要的决策机构，需要足够小才能发挥作用。它可能有 12 到 16 个成员。

7.《协商文件》评论说,理事会可能"由一名主席领导,如果认为合适,还可以由一名首席执行官……"。主席的角色(可能是兼职)是运行理事会,负责决策;首席执行官的角色,几乎可以肯定是全职的,将管理规制者的运作和贯彻落实政策。可以将这两个角色组合在一个人身上,但是一般来说,最好的做法是将这两个角色分开,我赞成这样做。

8. 首席执行官应当是理事会成员;理事会可以包括少数规制者的其他高级雇员。但是理事会的大多数成员应当是非行政人员。非行政人员应当来自不同背景,包括执业者。为达到权限范围的要求,即规制者应当独立于受规制者,建议理事会的大多数成员应为非律师人员。

9. 所有非行政人员均应根据考绩任命到理事会,以协助法律服务理事会实现其目标,而不是代表任何特定利益。将代表包括在内,将影响第 B 章所述的规制职能与代表职能分离的原则。不过,在理事会的执业者部分,应当注意确保所任命的技能和专业知识的组合反映了法律服务领域内开展的活动的多样性。

任命程序和任期

10.《协商文件》明确指出,任命规制理事会理事有多种不同的先例。这种多样性反映在了回应中。

11. 至于主席和首席执行官的任命，我认为主要的选择是由宪法事务大臣任命或者由司法机构任命。这其中存在相互冲突的压力。一方面，法律服务理事会需要证明，在履行其法定职责时，理事会不受政治影响；这可能表明任命不能由国务大臣任命。另一方面，国务大臣将继续担任向议会负责法律服务领域的事务的部长，并将对规制者的表现有重大责任；所以他应当被排除在这个过程之外的理由并不明显。

12. 鉴于独立性的需要和法治的目标，司法部门应当参与任命似乎是正确的；但是，仅由他们任命将意味着他们对规制制度及其表现负有主要责任。

13. 本审查报告的建议是，主席和首席执行官的任命应当由国务大臣与司法机构的一名高级成员协商后作出。鉴于掌卷法官在法律领域内的规制事务的历史性参与，我会推荐掌卷法官。任命将按照"诺兰（Nolan）"[1]原则进行，预计掌卷法官本人或者由他任命的高级法官将参加遴选小组。

14. 理事会的所有其他任命应由理事会提名委员会作出，该委员会由主席主持，按照"诺兰"原则运作。如果要任命高级独立理事，则应由理事会从其非职业成员中自行任命。

───────

[1] 在部长进行任命的情况下，2003年12月的公共任命专员《公共团体部长级任命工作守则》中给出了详细的指导，其原则源自公共生活标准委员会（诺兰委员会）。

15. 关于任期,需要在理事任职时间足够长以了解问题并做出充分贡献与不要过长从而成为框架的固定部分并失去独立性之间取得平衡。建议是,非行政人员理事应当有固定的任命期限,并有可能续展一次。同样的原则也适用于主席和首席执行官。确切的任期将由立法者确定。

16. 所有涉及该问题的受访者都谈到了理事不必担心无故被免职的重要性。然而,在某些特殊情况下,为了维护公众信心,理事应当下台。这种权力应当属于理事会,而不是国务大臣。此项权力应受到谨慎限制,但是可能包括理事会确信理事因身体或者精神健康而无法履行职责的情况。

17. 理事应当自动下台的情况,可能包括被判犯有严重刑事罪行、破产或者被取消公司董事或者慈善受托人的资格。

主席和首席执行官的独立性和资格

18. 主席和首席执行官必须具备担任高级公职人员所需的技能、素质和经验。困难的问题在于,此类任命是否应仅在具有法律职业直接经验的人员(例如法官)中进行,或者此类任命是否在法律职业之外进行。

19. 每个方向都有连贯的理由。一些人认为,要了解该职业的实际运作方式,主席和首席执行官应当来自该职业。其他人则认为,展示独立性的压倒一切的需要要求候选人应当来自外部。

20. 许多律师对现行法律服务体系的优缺点持高度客观的态度。因此，有一种观点认为制定法不应排除这些候选人。然而，这种客观态度并不是律师的普遍特征。总的来说，我的结论是，关于独立性的理由要求主席和首席执行官应当是非律师人员。值得指出的是，出庭律师公会也得出结论认为，这些职位应由非律师人员担任：

> "……我们赞成这一要求，即规制理事会的大多数成员，包括主席和首席执行官的关键职位，必须是非律师人员。"

问责机制

21. 在任何透明的规制体系下，议会、部长、公共利益团体和行业本身都有权了解法律服务理事会如何履行其职能，并有权评判其表现。

22. 通过立法程序，议会将最终确定法律服务理事会的职责和目标；法律服务理事会将对议会负责。适当的特别委员会（目前是宪法事务委员会）可以审查法律服务理事会的工作，并要求理事会成员接受提问并对其表现进行说明。很明显，法律服务理事会需要发布年度报告；这可能要提交议会并公开。

第 D 章　治理、问责和其他相关问题

23. 法律服务理事会应定期与部长协商,但是需要保持其独立性。国务大臣将与法律服务理事会分享后者对近用司法和适当法治的关切。但是,会有一些问题可能没有共同的利益;特别是,政府是法律服务的主要购买者,在某些情况下,资源考虑与为了公共利益作出规制决策的要求发生冲突。

24. 法律服务理事会应当考虑可以增加与消费者和代表他们的团体的交流的方式。就重要的政策事项进行明确的协商(在下一节中讨论)将很重要。如前所述,法律服务理事会将需要发布年度报告。它应当像其他规制者一样考虑向公众开放的年度会议,并可能在全国范围内举行一系列会议。正如第 A 章所建议的那样,法律服务理事会将在"促进公众对公民法律权利的理解"领域承担职责,因此需要仔细考虑如何与该领域的更广泛受众进行交流。无论如何,法律服务理事会有一个消费者小组是有意义的,这与金融服务管理局(FSA)所拥有的小组大致相似。

25. 法律服务理事会还需要保持与受规制者的关系。如前所述,理事会可能包含来自法律服务领域的许多成员,但是他们在理事会的目的是为理事会的所有活动做出贡献,而不是作为与一线团体讨论的渠道。与其他规制者(例如 FSA 及其执业者小组)一样,法律服务理事会将希望考虑与代表法律服务领域的人保持持续对话的安排。

规制者进行协商的职责

26. 良好做法表明,规制者在行使其部分或者全部权力之前应当进行适当的协商。在现行制度下,规制者有广泛的协商职责,有时还要征得指定方的同意。

27. 在行使 1990 年《法院和法律服务法》赋予或者撤销对某个团体的授权或者批准有关出庭发言权和进行诉讼的权利的规则变更的权力时,国务大臣必须与指定的法官(即上诉法院刑事庭首席大法官、掌卷法官、家事庭庭长和助理大法官)。在某些情况下,还需要与公平贸易办公室和法律服务咨询小组进行协商。根据经修正的 1974 年《事务律师法》第 28 条,经国务大臣和上诉法院刑事庭首席大法官同意,掌卷法官可以就准入和执业证书等事项制定条例。根据第 31 条,事务律师协会理事会可在获得掌卷法官同意的情况下,就事务律师的职业实务、行为和惩戒制定规则。

28. 如上所述,任何规制者都有发布提案并在最短的协商期内进行协商的职责,这是一种良好的做法,但是建议在制定法中就法律服务理事会规定这一要求。

29. 与高级司法机构协商很重要,法官会考虑如何才能最有效地处理此类事务。

30. 一般而言,法律服务理事会不会参与法院惯例和程序事务,这些事务主要由规则委员会处理。但是也会有一些与法院运作直接相关的问题,这对于司法机关而言特别重要。特别是,正如第 B 章所讨论的那样,这将包括授权团体授予其成员出庭发言的权利和进行诉讼的权利。在这些领域,除非得到司法部门的支持,否则很难做出改变并产生效果。因此,在直接影响法院运作的那些事项上,是否应当将对法律服务理事会的要求从与司法机构的协商转变为同意,这是值得考虑的。

上诉程序

31. 一旦就安排的大致轮廓达成一致,上诉问题将需要给予相当大的关注。上诉机制的确切性质必须取决于规制决定的类型。

32. 如果法律服务理事会的决定涉及在执业规则等规制领域行使其权力,那么,按照通常的方式,此类决定将受到司法审查。

33. 所提议的规制模式涉及法律服务理事会对一线被认可团体的监督职能,而不是对事务所或者个人的直接规制。就法律服务理事会参与此类事务而言,整个程序,包括任何上诉,都需要符合 ECHR。

资金来源问题

34. 第 B 章列出了拟议规制制度的成本估算。目前,被认可团体将通过对其成员征费来涵盖自己的费用。他们也有权对受其规制的法律执业机构（如第F章所述的执业机构）收取费用。

35. 关于法律服务理事会的成本如何承担的问题出现了。目前，很大一部分监督职能由国家承担费用：司法监督的成本由纳税人承担，政府部门履行监督职能的成本也由纳税人承担。支持政府承担监督职能的成本的理由，除了它已经这样做的事实之外，还有：

- 法律服务理事会为实现第A章中规定的"近用司法"等目标，在公共利益方面有比监督法律领域的执业者更广泛的角色；
- 由受规制者以外的主体支付成本这一要素，确认了规制者独立于受规制者。

36. 财务报告委员会的拟议资助有一个有趣的先例。其资金将被分割，三分之二落入私营领域，三分之一落入政府。法律服务理事会如何在私营领域和政府之间进行划分，将需要在制定法中加以规定，因此其将成为议会审查的主题。

37. 在各被认可团体之间筹集的资金比例，仍是一个问题。可以通过多种方式计算征费，包括根据一线团体的规模（考虑成员数量或者营业额）或者所需的规制资源（考虑对规制目标的风险）。应当预料，与FSA一样，法律服务理事会将就其打算如何提高征费进行协商,并有权随着时间的推移对其进行更改。

法律官员与规制制度

38. 英格兰和威尔士的法律官员是总检察长和副总检察长。他们是政府的首席法律顾问,并在某些情况下代表政府出庭。他们还承担部长责任。总检察长作为政府部长,负责政府法务官部（Treasury Solicitor's Department）、内政部皇家检察署稽查处、海关和消费税检控办公室以及法律官员法律秘书处。

39. 总检察长和副检察长是出庭律师公会的当然成员。他们参加律师协会的会议,其中总检察长通常主持年度大会。

40. 在本审查报告之前,政府自己的《范围界定研究》将法律官员列为规制当局之一。事实上,法律官员就任何职业团体中是否具有规制职责或者代表利益并不明显。但是他们是这样一个团体的成员这一事实可能会引起混乱。虽然法律官员显然需要成为执业律师并与法律职业的许多部分保持密切联系,但是如果他们与任何具有规制职能的团体没有正式联系会更好。

41. 出庭律师公会在回应中得出了大致相似的结论:

> "在我们看来,在任何新的规制结构中,法律官员、规制者和拥有诉辩权的职业团体之间都没有必要

建立任何正式关系。由于不存在这种关系，规制者和相关职业团体的独立性将得到加强。"

结　论

42. 本章研究了可能适用于法律服务理事会的治理选项。我的结论是，最合适的安排是让法律服务理事会由理事会治理，该理事会由一名兼职主席和一名全职首席执行官领导，由12至16名成员组成。出于独立性的原因，我的结论是，主席和首席执行官应当是非律师人员，并且理事会的多数应当是非律师人员。主席和行政长官的任命应是固定任期、任人唯贤，由宪法事务大臣与司法机构协商后按照"诺兰（Nolan）"式程序任命。法律服务理事会应当对议会和公众负责。作出重大决定前应当广泛协商；就此类决定可在特定情况下提出上诉。法律服务理事会应通过政府和执业者的投入来获得资金。法律官员不应在规制框架中发挥作用。

第 E 章　规制缺口

导　言

1.《协商文件》的第 E 章提出了受规制的法律服务方面的缺口和异常问题。目前，出于规制目的而对法律服务的现有定义，一部分是根据服务本身的类型来设定的，一部分是根据提供者的类型来设定的。《协商文件》提出了有关扩大或者缩小这一定义的机制和标准的问题。它询问是否应当由政府决定、是否应当为规制目的确定法律服务（就像在金融服务行业中所做的那样）。然后，它探讨了为何需要一个灵活的框架来适应不同的提议模式。

2. 为宪法事务部进行的《范围界定研究》[1]描述了法律服务规制的前景，并提请注意一些缺口和重叠。例如，一些服务提供商受到双重规制（例如提供非附带财务建议的事务律师，既受事务律师协会规制，也受金融服务管理局规制）。提供者和基于服务的规制混合在一起：事务律师所做的一切都因其职业身份而受到规制，而服务规

---

[1] op. cit.

制则在移民等领域得到发展。某些服务，例如一般法律咨询，如果由诸如事务律师或者出庭律师提供，则受到规制，否则不受规制。只有六个领域由于被保留给有适当资格的人而受到规制。有许多服务被大多数人视为法律服务，但是这些服务没有保留，任何愿意这样做的人都可以提供。因此，消费者可以从因其职业地位而受到规制的供应商或者不受规制的供应商处购买此类服务。下表列出了这一点：

保留的服务	未保留的服务
遗嘱认证	一般法律建议
移民	遗嘱起草
产权转让	就业建议
公证职能 进行诉讼的权利 出庭发言的权利	索赔评估和管理

3.《协商文件》并没有着手单独审视每项服务以确定是否应当对其进行规制；但是它以规制之网目前的落点作为起点。它认为应当由政府决定规制哪些类型的法律服务，因为这些是公共政策决定。权限范围规定的任务是找到最合适的框架。

4.《协商文件》指出当前框架的不灵活性，该框架不允许服务轻易进入或者退出规制。目前，当一项法律服务明显需要规制时，必须引入首要立法以涵盖整个服务领域，因为非指定或者被授权的职业团体成员的服务提供者必须是带入网中。《协商文件》指出，未来的框架必须足够灵活，既能引入新服务，又能在必要时放松规制，尽可能减少干扰。它指出，有必要建立一个框架，以某种程度的一致性纳入新的领域。

5. 本章按以下顺序讨论问题：

• 第 6 段至第 13 段阐述了法律服务的定义（"外圈"）；

• 第 14 段至第 16 段阐述了保留的法律服务的定义（"内圈"）；

• 第 17 段和第 18 段谈到了非营利领域；

• 第 19 段至第 26 段讨论了规制的不对称性和规制缺口；

• 第 27 段至第 33 段阐述了如何确定内圈的变化；

• 第 34 段至第 37 段讨论了规制者的角色；

• 第 38 段列出了结论。

法律服务的定义（"外圈"）

6. 正如《协商文件》明确指出的那样，很难界定任何行业的界限，因此，在边缘总是会出现问题，尤其是随着新活动的发展。然而，在本审查报告的背景下，出于两个原因，需要对法律服务进行定义。首先，对于任何新的规制框架的成功运作而言，规制者法定负责的服务范围应当尽可能明确——不应当允许规制者将其权力扩展到此之外，也不应当要求政府其对超出规定范围的服务承担责任。其次，在第 F 章中讨论的法律行业执业机构的概念将受益于对什么构成法律服务的尽可能明确的定义。

7. 对法律服务的定义有很多尝试。由亨利·本森爵士（Sir Henry Benson）担任主席的皇家法律服务委员会在 1979 年的报告中指出：

> "法律服务可以被描述为律师为他的委托人提供，并且就此承担职业责任的任何服务……律师在日常执业过程中提供的'法律'服务，也可以由非律师人员执行。"〔1〕

8. 然而，关键是，为了执行《事务律师执业规则》，事务律师协会是根据具体情况来确定的，这为"日常执业过程"的解释留下了余地。似乎从未有过关于在事务律师执业范围内可以适当做些什么的全面说明，而且被禁止活动的清单也不再出现在《职业行为指引》中，因为认识到了这一事实，即可能被视为不可接受的事务，随着时间的推移会发生改变。

---

〔1〕 The Royal Commission on Legal Services（the Benson Report）（Cmnd 7648），1979.

9. 许多人指出对"法律服务"进行精确定义存在困难。1988年，马雷（Marre）委员会说：

"'法律服务'不是一个可以准确定义的短语。遵循本森（Benson）委员会的广泛做法（第2.2段），我们认为它包括任何可用于帮助人们处理法律问题的服务，无论是由公共资金还是私人资金支付。该短语包括刑事和民事法律服务，还包括法律咨询、法律帮助（例如在产权转让和订立遗嘱方面）和法律代理。"[1]

10. 大法官部在其1989年的绿皮书中同意：

"很难对法律服务的含义做出全面的定义，但是从广义上讲，法律服务涉及一个人在其权利、职责和责任方面所需的建议、帮助和代理。"[2]

11. 承认不可能有精确的定义是正确的；它需要一些灵活性，因为需要适应随着时间的推移在被认为是"法律"的范围内发生的不可避免的变化。例如，替代性争议解决方法越来越受欢迎，新的法律领域通过制定法和判例法在发展。LCD绿皮书承认，法律服务"当然会随着社会

---

〔1〕 A Time for Change Report of the Committee on the Future of the Legal Profession (The Marre Committee), 1988.

〔2〕 The Work and Organisation of the Legal Profession, LCD Cm 570, 1989.

的普遍价值观、议会的立法意愿和法院的判决而随着时间的推移而发生变化"。

12. 在国际上，世界贸易组织和联合国提倡对法律服务进行宽泛定义，包括咨询和代理服务以及与司法有关的所有活动。

13. 一个我赞许并涵盖法律服务的宽泛定义的定义是：

"（1）与法律权利的运作或者行使、法律义务的履行相关的咨询和帮助；

（2）与所有形式的法律纠纷解决有关的咨询和帮助。"

这将包括公共和私人资助的服务、民事和刑事事务、有争议和无争议的事务。这种宽泛的定义可以说是形成了法律服务的"外圈"。

保留的法律服务（"内圈"）和受规制法律服务的定义

14. 保留的法律服务的定义相对简单，因为这些领域包含在制定法中。目前保留给具有适当资格的人的领域可见于上文第 2 段。这些领域可以称为法律服务的"内圈"。为了提供此类服务，执业人员必须获得本身已获授权的规制者的认证。因此，"律师"可以定义为此类团体的任何正式认证的成员。[1]

15. 受规制法律服务的定义更为复杂。它包括所有"内圈"服务，以及允许律师以职业身份从事的更广泛的"外圈"服务。

16. 还有其他服务，例如金融服务，律师可以在其业务过程中提供这些服务，或者通过另一个规制者（例如FSA）的直接规制，或者通过豁免制度。

非营利部门

17. 在考虑规制网应当落到哪里时，有一个问题是是否将"非营利"部门提供的法律服务包括在内。

18. 我的意图是，那些为在该领域经营而受雇的人应当有责任进入规制之网。那些自愿提供建议和帮助的人，要么凭借其先前作为法律职业人员的身份而被纳入网络，处于监督安排下，由合格人员对所完成工作的质量负责；要么通过围绕他们工作的运营单位进行的规制，例如通过公民咨询局网络。一些人对该领域的规制负担表示担忧——咨询服务联盟提到"小型志愿领域的机构的规制负担越来越大，有时甚至不成比例"。他们指出，他们通常以其他方式受到高度规制，例如法律服务委员会和/或者慈善委员

---

[1] 该定义比各种欧盟指令中的"律师"定义更广泛，例如相互承认和开业指令（98/5/EC）和服务指令（77/249/EEC）。

会。尽管希望新规制者力求实现的一致性可能有助于这些不同安排的合理化，并且会减轻规制力度，但是建议规制不应涵盖非营利领域，使那些最有可能因缺乏法律知识和法律服务而处于不利地位的人处于弱势地位。

规制不对称和规制缺口

19. 规制的不对称主要有两个方面。第一个是被授权提供一项或者多项保留的或者"内圈"服务的提供者，例如事务律师，也将在提供非保留或者"外圈"服务时受到规制。然而，这些服务也可以由未经授权的个人提供，在这种情况下根本不受规制。因此，对于提供相同法律服务的个人而言，在规制范围上可能存在不对称。

20. 第二个不对称是一线规制团体制定的规则可能不同，即使是相同的保留服务，例如，关于产权转让的规则在事务律师协会成员和持照产权转让委员会成员之间是不同的。

21. 这些安排可能会在受不同一线团体规制的律师之间以及律师和非律师人员之间在消费者保护和规制负担方面造成重大差异。有人呼吁消除这种差异。

22. 与规制范围有关的第一个不对称，可以通过扩大"内圈"的范围以将更广泛的服务组纳入其中来限制，即扩大"内圈"的周长以使其更接近（如果没有对齐的话）外圈。有人可能会认为增加保留服务的数量可能是不合理的和反竞争的，使得对于提供此类服务对执业者来说过于繁重，因此限制了他们对消费者的可用性。如第 30 段所述，在保留的"内圈"内包含任何进一步的服务将需要进行详细的成本/收益分析。

23. 限制规制范围不对称的另一种方法是将规制范围仅限于保留的服务。在此基础上，事务律师仅在提供例如诉讼服务时负有规制义务，而不是在提供非保留的遗嘱撰写或者一般法律咨询时负有规制义务。但是这将破坏主导的职业团体据以运作的主要原则之一——其成员提供的所有服务都以同样高标准的对委托人的关怀和关切来完成。简而言之，这将稀释职业主义和品牌，并可能增加消费者的困惑。

24. 第二种不对称，即规制规则并不均匀地适用于所有律师，在第 B 章中有所提及；一种可能的解决方案要求跨越服务类型设置具有最低一致性的标准。然而，如果一线规制团体愿意，他们可以自由地设定额外的标准。这将允许一线规制团体之间的竞争，同时防止重要的消费者保护受到侵蚀。

25. 加强消费者教育，提高消费者在使用法律服务时的认识，是减少这些不对称影响的进一步方法。在确保法律体系的廉正这一公共利益考虑的前提下，如果顾客充分了解受不同方式规制的供应商的可用性，则会扩大消费者的选择；购买者可以选择更昂贵的有规制保护的服务或者更便宜的保护有限的服务。

26. 关于放松对以前保留的服务的规制，主要是通过其他被授权的提供商提供服务的可能性，将保留的服务开放给竞争；在未来，这可能会继续成为模式。然而，这种自由化的一个后果可能是对规制范围造成不确定性。最初关于放宽某些遗嘱认证服务的提议确实造成了不确定性。提出的问题包括新供应商的规制责任和投诉团体的管辖权。此类问题本身不应成为变革的阻碍，但是规制者需要确保规制框架提供适当水平的消费者保护，并避免规制的不确定性。

确定法律服务"内圈"的变化

27. 一些人希望本审查报告将详细审视当前未保留的服务。在本审查报告的时间范围内审视每个领域的必要细节是不可能的，其也不是一个完整的解决方案，因为随着时间的推移会出现新的"缺口"。

28.《协商文件》建议应当由政府决定规制哪类法律服务。几乎所有受访者都同意。在那些不同意的受访者中，一些人建议权力应当属于议会，一些人建议它应当属于规制者。在我看来，应由议会制定首要立法，规定宽泛的框架，并由政府通过次要立法提出保留服务的确切领域。对首要立法中的保留服务领域规定过多，会降低模式的灵活性。这些是政府的公共政策决定，尽管必须预料到规制者将需要并有权使其观点为人所知。政府必须像今天一样评估任何提案的影响，并对成本和收益进行详细分析，以确定公共利益的所在。个人消费者面临的风险需要与更广泛的公共利益问题进行权衡，例如适当地近用司法。

29. 这种类型的分析可能涉及大量工作，就像布莱克威尔（Blackwell）委员会[1]所做的那样。该委员会由宪法事务部委托，由 Brian Blackwell CBE 担任主席，在1999/2000年对非法律合格的索赔评估员和就业顾问的活动进行了一定深度的研究。

30. 可以设想，每当政府在法律服务市场中发现一个可能受到规制或者放松规制的新领域时，都会与利益相关者和公众进行协商。成本/收益分析是确定是否需要改变对法律服务或者提供者的规制的风险的一种方式。这种方法得到了更好的规制工作组的认可，该工作组提倡灵活的、基于风险的规制方法。它指出：

"任何活动所涉及的风险水平都应决定着必要的保护水平。"[2]

"需要评估规制的成本和收益之间的取舍，并允许公民在合理的范围内对相关风险做出自己的判断。"[3]

31. 《协商文件》列出了在权衡服务应当保留还是不保留的利弊时，应当考虑的一些要点：

---

[1] The Report of the Lord Chancellor's Committee to Investigate the Activities of Non-Legally Qualified Claims Assessors and Employment Advisers, February 2000.

[2] *Alternatives to State Regulation*, Better Regulation Task Force, July 2000.

[3] *Principles of Good Regulation*, Better Regulation Task Force, October 2004.

- 信息提供：在有知情的提供者和不知情的消费者的情况下，保留的服务可能有助于弥合信息的不对称；

- 质量提高：如果不加以规制，服务质量可能会很差；

- 公平的竞争环境：由于规制成本负担和竞争的扭曲，它的缺失可能会导致人们退出该行业。公平的竞争环境将要求规制负担均匀地落在提供服务的人身上，无论他们是否有资格；

- 成本：原则上，规制为消费者提供了一些防止失灵的保护——但是规制是有成本的。该成本可能会转嫁给所提供服务的最终消费者；

- 选择：消费者的困难在于做出明智的选择，知道他可能获得的服务水平（价值和质量），以及是否以任何方式保护他免受该服务失灵的影响。受规制的服务应当为消费者提供更大的保护，消费者可能选择就此付费；

- 近用：与传统的商业街事务律师事务所相比，以商业形式运营的消费者友好型服务可以为一些消费者提供更容易、更便宜的司法近用；

- 竞争性市场：规制可能被视为对市场提供服务的不必要限制。

32. 有人已经提出进一步的考虑因素，包括：

● 相称性：易于扩展规制和避免规制重复；
● 维护信任和信心：适当水平的消费者保护（包括适当的救济机制）和结果的确定性；
● 应用适当的教育、培训和行为标准的成本和能力。

33. 规制之网之外的团体可能会认为，能够说他们和他们的执业者受到规制是有好处的，从而试图为自己获得"职业"团体的地位，并有能力为委托人提供关于服务质量的更高水平的保证。有人可能会争辩说，如果此类法律服务的提供者达到最低标准并支付相关费用，则不应拒绝他们进入规制之网。然而，重要的是要认识到规制并不构成保证；应当承认，没有任何框架可以规制所有风险。同样，应当认识到规制成本最终落在消费者身上，并会分散规制资源。规制应当主要是为了保护法律服务的消费者，而不是为了提高提供者的地位。因此，执业者希望受到规制的愿望应当通过同样仔细的成本/收益分析来满足。

规制者的角色

34. 规制者将在决定哪些服务应当在其规制之网之内或者之外有一席之地。规制者应当能够就问题出现的领域向政府提供建议；例如，就未保留的服务或者提供者向理事会提出投诉的领域。规制者可能会接触到在规制边缘开展的活动，充当渠道的中介，以及"流氓"运营商。规制者的经验和专业知识将有助于政府就此类活动做出政策决定。

35. 对于那些被视为在规制之网内的人，规制者将保留在必要时直接执行规制职能的权利，尽管正如第 B 章所明确的那样，在可能的情况下，这些职能应当下放给为这些目的而认可的一线团体。

36. 我认为规制者还可以在规制领域之外审视法律服务行业的边界，查看整个领域内的活动范围以评估其运作方式。它能够在现场观察法律服务活动，发现问题点。此外，有些组织不是法律服务提供者，但是对是否、何时以及如何提供法律服务确实产生了至关重要的影响。法律费用保险公司就是一个明显的例子。规制者在该领域的知识将支持在考虑规制新服务类型时向政府提供的任何建议。法律服务领域中未受规制但是可能转为受规制状态的人员，可以同规制者进行协商。此外，它将扮演教育角色，例如在鼓励向消费者提供信息方面。

37. 除了对受规制者的监督权外，规制者应在多大程度上拥有权力，使其能够追查那些在没有必要执照的情况下在受规制领域经营的人，还有待进一步讨论。

结 论

38. 我的结论是，在适当的立法框架内，政府应在适当协商后决定保留哪些法律服务，尤其是与规制者协商。尽管一旦确定某些东西在规制之网内，规制就不应当存在缺口，规制者应当注意规制制度中的不对称性。为处理此类问题而对规制之网进行的任何更改，都应当经过仔细的成本/收益分析。规制者的职责将是监督规制之网内的人员，但是它还应承担更广泛的公共利益角色，以超越规制领域，了解法律服务行业和与之互动的非法律团体的边界。

第 F 章　替代性商业结构

导　言

1. 在 2003 年 7 月发表的报告[1]中，政府表示支持通过替代性商业结构提供法律服务的原则。它指出："政府原则上支持通过替代性商业结构提供法律服务。这种新的结构将为增加投资提供机会，从而促进发展和创新，提高效率并降低成本。……政府原则上接受，应当允许新的商业实体，如多行业合伙和法人团体提供法律服务。"

2. 在对《协商文件》的回应中，公平交易办公室确定了能够影响提供法律服务的替代性商业结构类型的最重要限制。这些限制包含在主要职业团体的规则中。它们是：

　　（a）禁止出庭律师之间以及出庭律师与其他职业人员（律师和非律师人员）之间合伙的规则；受雇出

---

[1] *Competition and regulation in the legal services market*, CP（R2）07/02 DCA, July 2003.

第 F 章　替代性商业结构

庭律师可以为事务律师事务所工作，但是未经重新取得资格不得成为合伙人；

（b）禁止事务律师与其他职业成员（律师和非律师人员）合伙的规则；

（c）除少数例外情况外，禁止受雇于非事务律师所有的企业或者组织（例如银行或者保险公司）的事务律师向第三方提供服务的规则。

3. 虽然不是本审查报告的主题，但是应当指出的是，自雇出庭律师一般不能直接与公众打交道，而必须通过进行指示的事务律师来这样做。

4. 上述规则的产物是，消费者可以近用的商业结构类型几乎没有变体。如前所述，他不能（在有限的情况下除外）直接接触出庭律师。主导向消费者提供法律服务的最容易识别的组织形式，是由事务律师拥有和管理的商业街事务律师事务所。（在本章中，我们使用"管理人"一词来指代事务所的合伙人、负责人或者董事。）

5. 执业规则的一个关键例外出现在非营利领域，在这里，在某些条件下，事务律师（及其监督的人）、出庭律师和法律中心雇用的其他有法律资格（和无法律资格）人员可以一起工作并被允许直接与公众打交道。

6. 本审查报告的核心是区分法律行业执业机构（LDP）和多行业执业机构（MDP）。

7. 法律行业执业机构是法律执业机构，允许来自不同职业团体的律师,例如事务律师和出庭律师,在平等的基础上一起工作,为第三方提供法律服务。他们可能允许其他人(例如人力资源职业人员、会计师)担任管理人,但是这些其他人的存在是为了改善法律执业机构的服务,而不是向公众提供其他服务。该概念旨在消除目前对律师可以据以执业的商业形式的大部分限制。

8. 多行业执业机构是将律师和其他职业人员(例如会计师、特许测量师)汇集在一起,为第三方提供法律和其他职业服务的执业机构。他们不只是提供法律服务;确实,法律服务可能只是他们工作的一小部分。

9. 在 LDP 和 MDP 情况下,可以允许在拥有执业机构的人和管理执业机构的人之间进行划分。

10. 因此,在"替代性商业结构"的标题下,有一个可能性矩阵:

	管理者和所有者相同	管理者和所有者不同
法律行业执业机构	由其管理者拥有的仅提供法律服务的执业机构。	仅提供法律服务的执业机构,并非完全由其管理者拥有。
多行业执业机构	由其管理者拥有的提供法律和其他服务的执业机构。	提供法律和其他服务的执业机构,并非完全由其管理者拥有。

11. 在回应《协商文件》时,事务律师协会赞成在有条件的情况下取消对事务律师与其他律师和非律师合伙的限制[上文第 2 段中的规则(b)]。它还建议取消禁止事

务律师在受雇于非事务律师所有的企业或者组织中时向第三方提供服务的规则［第2段中的规则（c）］。至于第2段中的规则（a），出庭律师公会已表示准备准许出庭律师与其他律师建立合伙关系，但是要接受除其本身以外的被认可团体的规制；但是进一步说，它不允许在其直接规制下的出庭律师建立合伙关系。

12. 在此背景下，本章按以下顺序讨论问题：

- 第13段至第22段探讨了对LDP的需求；
- 第23段至第34段审视了管理和所有权在同一人手中的LDP的问题；
- 第35段至第61段审视了允许外部所有权的LDP出现的进一步问题；
- 第62段至第73段探讨了LDP将如何以及由哪些团体进行规制；
- 第74段至第83段探讨了出庭律师公会就在其规制下继续禁止合伙提出的理由；
- 第84段至第86段探讨了对MDP的需求；
- 第87段至第100段审视了MDP出现的特定规制问题；
- 第101段至第104段列出了宽泛的结论。

对 LDP 的需求

13. 对通过 LDP 提供的法律服务的需求可能来自两个来源：消费者和提供者。在限制性做法成为服务提供形式创新障碍的市场背景下，缺乏明确的消费者需求本身并不能成为不应当允许其他形式的服务提供的有说服力的理由。

14. 与大型公司委托人不同的是，私人委托人不太可能意识到他们所认为是"律师"的人的不同类别之间在培训、能力和规制方面的差异。这并不奇怪，因为此类消费者很少购买法律服务，而且消费者的主要关注点通常是结果——例如成功的产权转让交易——而不是交付方式。尽管如此，委托人一般会对低廉的价格和高效的服务感兴趣，并且在更好地理解服务性质的地方，例如在产权转让市场，顾客确实会"货比三家"。提供者通过竞争性报价来应对竞争压力。

15. 最近的研究为消费者对传统律师事务所如何运作的担忧提供了一些背景资料。MORI 进行的研究[1]表明，并非普遍认为律师以客户为中心、平易近人或者易于理解。其他工作[2]表明，惰性——通过一种"无能为力"

---

[1] Research study conducted by MORI, commissioned by this Review.

[2] *Causes of Action: Civil Law and Social Justice*, Legal Services Research Centre, November 2003.

的感觉——加上对民事法律如何能提供帮助的知识缺乏了解，成为人们购买法律服务的障碍。事务律师协会就《协商文件》提交的意见是，根据他们进行的研究，虽然成本很重要，但是"事实上，消费者更关心事务律师明显难以接近以及他们对客户的明显态度"。

16. 为消费者协会进行的一项调查[1]显示，律师明显缺乏对委托人的关怀。不满意的主要原因（按降序排列）有：过度延误、未以合理的技能提供服务、犯错误、不回电话或者不回信以及不合职业的行为。虽然消费者协会自己指出，他们的调查并非来自具有代表性的人口样本（或者律师的委托人），但是它确实就消费者所关注的一些重要问题提供了有用的简要说明。值得注意的是，这些担忧即与所提供的商业服务质量相关，也同样与法律咨询本身的质量相关。

17. 转向供给侧，潜在的供给者利益有多种来源。

18. 许多事务律师事务所依靠不是合格事务律师的人来开展提供法律服务的业务。信息技术专家、人力资源专家和会计师等人员在业务的成功中发挥着关键作用，但是事务律师执业机构不是以合伙人身份奖励这些关键人员，而是不得不求助于"绕过问题"的方法。

19. 此外，许多管理人希望与具有互补技能的法律职业人员合作。很难理解为什么不应当允许专门从事诉辩的

---

[1] *Which?* July 2004.

人（例如出庭律师）作为平等负责人与擅长进行诉讼的专家（例如事务律师）一起工作，为委托人提供综合服务。

20. 此外，正如事务律师协会在回应中指出的那样，法律职业中有许多人感到被排除在传统法律执业机构的合伙角色之外。这可能包括无法或者不愿冒险来投入合伙资本的人；可能觉得自己不"适合"传统执业机构中的合伙人角色的少数族裔人士；由于家庭或者照顾责任而感到无法在工作投入方面承担传统合伙角色的人。还有一些受雇的律师可能希望扮演更多面向委托人的角色，或者只是拥有更广泛的职业生涯结构。拥有非律师所有者的法律行业执业机构模式将拓宽获得资本的渠道，并减少执业者投入股权资本的需求，并可能使不同的工作方式适合希望在法律职业中工作的更广泛范围的人。

21. 在非营利（NFP）领域可以看到通过在一个屋檐下提供一系列法律技能所带来的灵活性。在非营利领域，公民咨询局和法律中心有来自法律职业不同分支的律师在一个屋檐下共同工作，为他们的委托人群提供法律咨询和服务。不同职业人员之间的精确分工，是执业者的专业知识取得的结果，是满足委托人需求的最有效方式。

22. 在商业领域，RAC等公司也公开表达了他们希望为公众提供另一种获取法律服务的方式的愿望。与大多数商业街事务律师不同，此类公司需要保护其全国知名品牌，这可能是以适当方式经营的强大动力。

在管理人和所有者相同的 LDP 中出现的问题

23. 如前所述，法律行业执业机构的基本原则是，它是一种将出庭律师、事务律师和其他律师平等地聚集在一起的法律执业机构。这种新的法律执业机构应当提供优势；许多来自消费者和提供者的受访者都表示，在广泛的原则上，他们自己是赞成的。它将扩大律师事务所可以为其委托人提供的技能基础，因为他们可以在一个屋檐下，拥有来自一系列法律行业的律师，作为平等的负责人。它将为律师就他们可以在其中工作的商业结构类型提供更多选择。它将允许律师邀请非律师的其他职业人员成为管理人。它还应当提供进一步的商业结构（除了出庭律师工作室和政府服务），年轻的出庭律师可以在其中获得适当的经验，无论是在作为见习生还是在其他方面，以成为完全合格的出庭律师。

24. 与这种执业机构有关，需要解决的问题来自于：

（ⅰ）不同职业资格的律师应当平等共事的提议；

（ⅱ）规制者可能期望如何管理法律行业执业机构的问题；

（ⅲ）法律行业执业机构的管理人中可以有一些根本不是律师的人的提议。

我们依次讨论每个问题。

25. 就有**不同职业资格**的律师应当可以平等共事的提议，第一个也是最重要的问题是，确保在法律执业机构中具有高水平的伦理标准。应当有一个法律行业执业机构的《职业执业机构守则》，与法律行业执业机构的规制者达成一致，该执业机构内的所有律师都需要遵守该守则。很难理解为什么这会是一个重大困难，因为虽然每个职业团体制定的相关规定不同，但是律师对外部各方的责任是相当统一的。所有拥有出庭权和进行诉讼权利的律师，都对法院负有高于一切的职责。一般来说，所有律师都对他们的委托人负有职责，即将委托人的利益置于自身利益之上的职责。通过适当的规制安排，也应当能够获得涵盖法律职业特免权等事项的单一实体范围内的安排（稍后在第62段至第73段中阐述）。这种伦理原则应当是法律行业执业机构的核心。

26. 律师在伦理事务上的统一性的一个显著例外是公证人职务，因为他们对交易本身的有效性负有特殊职责。然而，目前许多公证员都设法既以公证人身份执业，也以事务律师身份执业，因此不能说这两个法律职业分支不能共存。

27. 第二组问题与**管理责任**有关。在法律行业执业机构的管理中，无论其法律形式如何，都必须预见到公司结构的某些特征。需要将重点转向对经济单位的规制，而不是对各个执业者的规制。因此，建议设立一名"法律实务负责人"(HOLP),向规制者提名,对按照规制规则开展法律业务全面负责。此人必须是合格的律师,并且能够使规制者确信,他有监督法律行业执业机构将涵盖的所有领域的称职性。规制者将首先关注该被提名人,以确保法律执业机构中的谨慎标准符合相关规则。特别是,确保仅由有资格的人提供法律服务的责任将由他承担。"称职性"并不一定意味着专业知识。建议是,HOLP应当能够让规制者确信他具备必要的资格和经验来履行对他的规制责任要求。在这种情况下,我会判断一名事务律师有资格担任具有上级法院权利的律师的HOLP,即使他本人没有这种权利。

28. 我们还建议法律行业执业机构必须有一名高级管理人担任"财务和行政负责人"(HOFA),并提名给规制者。被提名人将负责为法律执业机构编制适当的账目,并负责委托人资金的适当分离和管理。此人可能是律师,但是不必须是律师。许多大中型事务律师事务所已经以这种方式组织起来,对于其他选择法律行业执业机构身份的人,我认为这些变化不会难以贯彻落实。在一个小型执业机构中,为什么一个具有适当资格的人不能同时担任HOLP和HOFA应当是没有理由的。

29. 提名一个人主要负责财务和行政(包括委托人资金),不会免除所有管理人对此类问题的责任,正如财务总监在公开股份有限公司董事会中的存在不会免除其他董事对公司账目的责任一样。但是它确实认识到管理团队中的一个人必须在这个重要领域中发挥领导作用这一商业现实。

30. 第三组问题是由于法律行业执业机构的管理人中存在**非律师人员**而引起的。出庭律师公会在其意见中称，不应允许非律师担任管理人，"如果允许个人对法律实务行使很大程度的控制，而这些人并不须承担作为法律实务的基础的职业责任，这在原则上是错误的，并会给公众带来风险"。然而，大多数其他受访者持不同观点，认为在这一领域进行一些自由化是明智的。正如上文第7段中法律行业执业机构的定义所表明的那样，非律师管理人的角色是改善法律执业机构的服务，而不是向公众提供其他职业服务。因此，非律师管理人可能需要与LDP规制者签署商定的《执业守则》，其中将包括与约束律师管理人的以委托人的最佳利益行事之承诺的类似的承诺。非律师管理人的存在反映了这样一个事实，虽然法律技能应当是现代实践的核心，但是它们还不够；为了提供有效的服务，其他技能是必要的，它们包括如上所述的财务专业知识，以及人力资源和信息技术专业知识。正如《协商文件》所指出的那样，在许多法律执业机构中，具有这些技能的职业人员已经在其事务所的执行委员会中任职，对执业机构的行为具有重大控制权。与此类似，在法律中心，具有其他技能的非律师人员确实对实务进行了很大程度的控制，以造福于公众。这些例子表明，不同的法律职业人员能够与非律师人员共事，而不会影响他们的职业标准。

31. 如前所述，HOLP 和 HOFA 将是被提名的自然人，并且需要让 LDP 规制者确信他们具有履行这些角色的必要称职性。所有其他管理人（律师和非律师人员）都需要在法律行业执业机构规制者那里注册。预计 LDP 规制者将把规制注意力集中在 HOLP 和 HOFA 的称职性以及他们采用的管理系统上。值得注意的是，在新南威尔士州，其规制框架允许采用类似于法律行业执业机构形式的公司化法律执业机构，在那里，规制框架要求执业机构能够证明符合"适当的管理系统"，并且规制当局已经发表了一篇论文，其中包括执业机构应当拥有的系统清单。

32. 虽然我得出的结论是，应当允许非律师人员担任法律行业执业机构的管理人，但是法律行业执业机构的本质是一种法律执业机构。因此，提议是对管理组中非律师的级别进行限制。该限制可能由规制者设定，但是本审查报告中的建议是，"律师应在管理组中占多数",〔1〕并根据其职业资格签署了某些规制标准。法律执业机构的特点不仅在于提供法律服务，它还在于具有共同价值观的职业人员所培养的执业机构气质。让律师在管理团队中占多数是一种更确定的方式，可以确保维持法律职业的基本属性。对于像 HOLP 这样的一个人来说，要去定义一个事务所的文化，或者承担维护该执业机构的法律职业伦理的全部责

---

〔1〕 需要指出的是，新南威尔士州与律师行业执业机构相当的执业机构只要求管理团队中的一名成员是合格律师。

任，将是繁重的。

33. 为适用上一段中的原则，要由规制者确定律师的定义。我的出发点是授权律师提供保留服务，如第 E 章所述。[1]

34. 人们认识到，在某些情况下，多数人要求可能会妨碍单独执业者将自己变成法律行业执业机构（例如与一名非律师人员合伙），但是这不会损害他们目前的地位。

在管理人和所有者不同的法律行业执业机构中出现的问题

35. 允许法律行业执业机构有外部所有者将有相当大的好处。从一般经济角度来看，其将允许来自行业以外的新资本加入，这将增加产能并对价格施加下行压力。从商业角度来看，新的投资者可能不仅带来新的投资，还会带来关于如何以消费者友好的方式提供法律服务的新想法。此类新企业可能会更好地解决上文第 15 段和第 16 段中提到的一些消费者问题。

36. 然而，在管理和所有权分离的情况下会出现许多问题。它们涉及：

---

[1] 规制者需要确定它允许哪些外国律师被纳入法律行业执业机构的多数律师行列。对于欧盟律师来说，它需要考虑相关的欧盟指令。

第 F 章　替代性商业结构

（ⅰ）对不适当所有者的担忧；

（ⅱ）担心外部所有者会给律师带来不合理的商业压力，可能与其职业职责相冲突；

（ⅲ）担心新所有者会挑选最好的企业；

（ⅳ）作为上述挑肥拣瘦观点的延伸，对法律行业执业机构可能会危及农村地区获得法律服务的机会的担心；

（ⅴ）担心新所有者会有利益冲突；

（ⅵ）是否会对所有者在法律行业执业机构中的利益的性质和范围进行某些限制的问题；

（ⅶ）担心这种外部所有权没有先例。

我们依次讨论每个问题。

37. 开放所有权会带来法律执业机构的**不适当所有者**风险。对于为什么只有律师应当"适合拥有"法律执业机构，一些人给出了简短的回答；这是指他们认为当下是恶棍的人，或者默认情况下是"罗伯特·麦克斯韦尔那样爱起诉的人（Robert Maxwell Legal）"。[1]关于"适合拥有"的问题有一点需要讨论。但是简短的回答是不够的，正如"南海泡沫"[2]这个词并不是我们的先人阻止所有新的公开股票发售的充分理由。

---

〔1〕　这个词来自于一个爱起诉的已故欺诈企业家。

〔2〕　南海泡沫（South Sea Bubble）是经济学上的专有名词，是指英国在1720年春天到秋天之间发生的一次经济泡沫。——译者注

38. 在判断这些风险时，重要的是要记住这些风险已经存在。正如 RAC 在对《协商文件》的回复中指出的那样："这在律师惩戒裁判庭的定期报告中得到了证实，该报告列出了因不当执业和犯罪行为而被从名册上除名的人的姓名。"

39. 扩大所有权网络的后果并不都会导致更大的风险。许多外部股东很可能会带来商业做法，这些做法可能提供的标准，比某些执业者拥有的事务所现有的标准更高。他们可能会坚持采用高水平内部控制和制衡，例如就委托人资金而言，就此小型执业者拥有的事务所很难复制。许多人已经熟悉法律行业执业机构规制者可能坚持的"适当管理制度"类型。

40. 尽管如此，所有权问题仍然是一个应当讨论的问题，就像任何其他与委托人有重要的受托关系（包括处理其资金）的企业那样，例如银行。因此，建议潜在的外部所有者应当达到"适合拥有"标准。[1]确切的规定由规制者自己决定，但是预计会虑及：(a) 诚实、适正和声誉；(b) 称职性和能力；(c) 财务稳健。规制者有权查看潜在所有者的商业计划，并了解其希望开展何种类型的业务以及为什么。在团队背景下，规制者也有权超越直接股东，直达——例如——最终实益拥有人。

---

[1] 如第 32 段所述，非律师管理人员在管理团队中可能仅占少数。如果非律师管理人持有 LDP 经济利益的不成比例的份额，规制者应当有权将其视为外部所有者，特别是在"适合拥有"标准方面。

第 F 章　替代性商业结构

41. 允许外部所有权的第二个担忧是，外部所有者，即使他们达到"适合拥有"标准，也可能会给律师带来**不合理的商业压力**，这可能与其职业职责相冲突。这是单独执业事务律师团体（Solicitor Sole Practitioners Group）提交的意见中详细提出的一个问题。这也是出庭律师公会提出的一个观点，他们认为：

"……所有者的商业利益与法律实务所立足的伦理职责之间不可避免地会产生冲突。律师事务所的所有者如果不是律师，则其不受这些职责的约束，将完全有权追求自己的经济利益，即使在与律师事务所委托人的最佳利益或者法律职业的其他核心价值观相冲突的情况下也是如此。"

42. 然而，尚不清楚出庭律师公会的论点是否正确。法律行业执业机构将具有许多提供适当保障的特征：

• 法律实务负责人必须是一名合格的律师，有监督法律行业执业机构将从事的业务领域的称职性；
• 财务和行政负责人必须在执业机构管理的核心领域具有称职性，尤其是处理委托人资金方面；
• 法律实务负责人和财务和行政负责人都将是被提名的个人，要达到称职性标准；未经规制者同意，不得将其免去；

● 合格的律师将在法律执业机构的管理团队中占多数；

● 合格的律师将继续对其委托人和法院承担与目前相同的职业职责；所有管理人必须遵守与法律行业执业机构的规制者商定的执业守则；

● 如下文第 53 段和第 54 段所述，外部所有者可能对事务所处理的各个委托人事务的法律结果没有不利利益，并且无权干预任何委托人案件或者查阅委托人案卷或者信息。

简而言之，法律行业执业机构是一个受规制的实体，存在许多保护措施，外部所有者[1]"完全有权追求自己的经济利益，即使与律师事务所委托人的最佳利益或者法律职业的其他核心价值观相冲突"。

43. 为了确保这些保障措施得到遵守并清晰可见，正如律师协会在其提交的意见中所建议的那样，要求在法律行业执业机构规制者那里注册的法律行业执业机构是一个受到限制的法律实体是适当的。还建议全部所有者都应与规制者签订契约，以赔偿执业机构的委托人的资金遭受的任何损失。

44. 应当指出的是，根据经验，上述保障措施可能会随着时间的推移而改变。因此，将保障措施写入制定法

---

[1] 对于在企业中有经济利益的非律师管理人的职位，请参见前脚注。

是不合适的；相反，制定法应当建议它们由法律服务理事会规定，要虑及保护消费者利益和第 A 章中提到的其他目标的需要。

45. 反对允许外部资本进入法律行业执业机构的另一个理由是，此类所有者将寻求"挑捡"最好的企业，从而损害现有的商业街事务律师的利益并可能损害近用司法。该理由忽略了这样一个事实，即现有法律执业机构有权确定他们希望在哪些法律领域执业；许多人已经成为专业律师。还应当认识到，"肥肉"通常会来于自由贸易受到限制的地方，无论是在谁可以从事某种类型的业务方面，还是在获取资本的便利性方面。多年来，最典型的法律工作，大多数商业街律师的"肥肉"，是产权转让。1973 年取消了最低固定费用的做法，并根据 1985 年《司法法》设立了持照产权转让人理事会，从而取消了事务律师协会的垄断。总体而言，预计新资本的准入将增加竞争，降低法律服务成本，有利于近用司法的目标。

46. 在**农村执业机构**背景下，有着"挑肥拣瘦"观点的延伸。一些回应担心，法律行业执业机构的出现可能会通过进一步减少农村地区的综合服务提供者的数量，从而危及农村地区获得法律服务的机会。关于后者，人们认为这将普遍加剧认为农村服务被剥夺的趋势，因为银行、商店、邮局和其他服务提供商决定退出这些地区。

47. 该观点的理由是，这些小型执业机构，其中许多只能赚取微薄的利润，只能通过从综合事务实践工作（如产权转让、遗嘱认证、人身伤害和小额诉讼）中获得的交叉补贴来提供法律援助和其他低利润工作。保留这种执业机构具有社会价值，因为它们为农村地区的委托人提供法律援助服务，否则农村地区的消费者可能不得不长途跋涉才能获得类似的服务。

48. 有几个理由反对这一点。首先是，虽然法律援助等服务很重要，但是其成本应当是透明的。没有明确的理由说明为什么他们应当由其他服务的用户补贴。

49. 第二个是，对新执业机构的担忧，往往忽略了新服务提供商可能带来的好处。这些好处不仅在于它们可以带来更低的成本；此外，通过延长营业时间、完善的电话服务和先进的客户关照技能，他们或许能够为消费者提供更好地获得某些其他类型法律服务的途径。如第 A 章所述，近用司法问题不仅仅是物理上的接近问题；可以说，这甚至更多是成本问题。一般来说，降低成本的措施是值得欢迎的。

50. 此外，拥有良好声誉和忠实追随者的小型事务律师执业机构如果能够提供卓越服务，则不必担心会将顾客流失给新进入者。上文第 15 段和第 16 段提及的研究以及在审查过程中收到的反馈表明，使顾客望而却步的因素包括难以接近和待人冷漠。

51. 最后，与银行、药店和邮局等服务不同，法律服务不是消费者经常使用的服务；有些工作可能不需要面对面的会面。

第 F 章　替代性商业结构

52. 观点的权衡并不能就此说服我,即愿意与现有提供商在成本和服务质量上竞争的新进入者应当被允许,就像他们目前一样,新资本由律师提供,但是禁止资本可能来自非律师人员的情况。如果就农村近用存在问题,我认为:

- 它与谁提供新资本的问题无关;
- 它是政府应当与规制者和法律服务行业协商,公开解决的问题。

53. 另一个担忧与可能的**利益冲突**有关。法律行业执业机构的律师必须能够向他的委托人保证,他以独立的思想处理任何指示,并且没有利益冲突。他必须用"干净的手"来处理任何新的指示。律师可能会觉得他能够做到这一点,但是如果所有者与该问题有利益关系,就会有(如果律师履行了其职业职责,这将是一种毫无根据的怀疑)律师可能会受到这一点的影响的怀疑。因此,建议法律行业执业机构不得就所有者就其有不利利益的案件接受指示。因此,如果银行拥有 LDP,则该 LDP 不能代表委托人处理与银行有利益关系的任何事务,例如就银行作为当事人的贷款文件向委托人提供咨询。在这种情况下,"利益"是指对所处理事务的法律结果有直接利益,而不是希望提供令人满意的、有回报的服务的所有者的经济利益。

54. 根据 LDP 的规制条件,所有者不得干预任何委托人案件或者查阅任何委托人的案卷或者委托人信息。所有者确实有的权利，是通过投资于企业的资金获得适当利润。但是，律师们对此类问题也并非不感兴趣。与商人不同，对于律师而言，赚钱只是履行其职业职责的快乐副产品，这种观念在公众中的共鸣有限。确实，像 RAC 这样的公司公平地宣称，他们有委托人声誉需要保护；而委托人关怀方面的失灵，例如过度收费，将比商业街律师吸引更多的关注。

55. 即使原则上应当允许外部所有权，也仍然存在是否应当允许**进行某些限制**的问题，即是根据可能由外部人员单独或者集体拥有的资本的百分比进行限制，还是对资本权利设定条件。

56. 关于百分比所有权，在会计职业内有先例。根据欧盟第 8 号公司法指令，外部所有者不得拥有审计执业机构超过 49% 的资本。出庭律师公会提议，外部所有权应限制在不超过资本的 30%。这两个限制都是对外部持股总量的限制。

57. 允许近用资本但是限制控制权的一种方法是允许管理人拥有投票权股份，而外部资本提供者仅限于无投票权股份的资本结构。总的来说，我不赞成这种限制自由资本近用的资本安排。鉴于第 42 段已提及的保障措施，我认为此类限制是不必要的。如果规制者认为应当引入进一步的保障措施，以保证法律执业机构以高伦理标准运作，并提供适当的委托人关怀，它将最好对这种执业机构的运作方式进行额外制约，而不是人为地限制资本。正如本章所阐明的那样，虽然将所有者要达到"适合拥有"标准，但是法律行业执业机构将是一种受规制的受限制的执业机构，规制系统将主要关注谁管理该执业机构以及他们如何管理它。

58. 在法律行业执业机构拥有外部所有权这个标题下要讨论的最后一个问题是这样的建议，即应当抵制它，因为**这样的举措没有先例**。即使正确，这也是一个糟糕的观点；事实上这是不正确的，并且有先例。出庭律师公会指出，它"不知道有司法管辖区允许非律师投资者拥有法律执业机构的所有权"。一个允许这样做的司法辖区是新南威尔士州，2004年4月引入的示范联邦法律规定使其他州能够进行效仿。公司化法律执业机构可能由非律师拥有，并且许多都是这样的。如前所述，规制制度集中于谁管理执业机构以及对"适当的管理制度"的要求。

59. 应当指出的是，允许某些法律执业机构有外部所有权的另一个司法辖区是英格兰和威尔士。持照产权转让人理事会——其成员提供的可能是最常见的受规制法律服务形式——确实允许外部投资者在其规制范围内拥有执业机构。这些执业机构由理事会规制，并由有资格从事这项工作的法律执业者管理，他们必须在管理组中占多数。管理人和所有者必须与规制者签订协议，赔偿该执业机构导致的委托人资金损失。我没有看到任何证据表明外部所有者进行了不合理的干预。我没有看到任何证据表明公众受到了不利影响。确实，可以说，虽然持照产权转让人的市场份额仍然很低，但是他们提供了选择，并在降低法律服务市场这一重要领域的成本方面发挥了有用的作用。

60. 本审查报告的建议是，现在应在法律服务市场的其他领域引入与政府多年前就产权转让所采取的措施类似的开放措施，但是像指出的那样，要有适当的保障措施。

61. 法律行业执业机构的主要特征总结在以下方框中：

法律行业执业机构

- 法律行业执业机构是允许来自不同职业团体的律师成为为第三方提供法律服务的事务所的管理人的法律执业机构。
- 允许非律师担任法律行业执业机构的管理人。他们的角色是改进法律服务，而不是向公众提供其他服务。
- 允许外部所有者。他们必须被规制者批准为"适合拥有"。
- 外部所有者必须就委托人资金的任何损失提供赔偿。
- 律师必须占法律行业执业机构管理人数的多数。
- 法律行业执业机构的管理人中必须有指定的律师（法律实务负责人），负责法律服务的服务标准；以及指定的具有适当经验的管理人，负责财务和行政（财务和行政负责人）。
- 对于外部所有者在法律结果上有不利益的委托人的案件，法律行业执业机构不能接受指示。
- 外部所有者不能干预具体委托人案件，也不能查阅委托人案卷或者有关具体案件的其他信息。

什么团体应当规制法律行业执业机构的问题

62. 第 B 章审视了一线被认可团体对其成员资格的规

制。它建议采用模式 B+，由监督规制者法律服务理事会（LSB）将规制权力下放给被认可的一线团体，条件是理事会对相关团体的称职性感到满意，并且适当的治理安排到位。

63. 这一部分提出的问题是如何将该制度扩展到对 LDP 的规制，因为其中的管理人可能来自多个被认可的团体，或者可能不是法律职业本身的成员。

64. 在讨论 LDP 的规制团体时，应当认识到，对于某些类型的 LDP 而言，所需的额外工作可能并不重要。事务律师协会在其提交的意见中公平地指出，它已经对一些关键管理团队不是律师的大型事务律师事务所进行规制。就持照产权转让人理事会（CLC）而言，它确实已经对少数管理人不需要是律师的事务所进行了规制，并且如前所述，允许外部所有权。

65. 很明显，在本审查报告看来，CLC 已经是一种 LDP 类型的规制者，一种以产权转让人为导向的规制者。可能存在具有不同法律领域技能的其他类型的法律行业执业机构。因此，本审查报告的建议是，对 LDP 的规制不应成为任何一个团体的特权。被认可的一线团体可以向法律服务理事会申请授权规制指定类型的 LDP；法律服务理事会将根据被认可团体在特定法律服务领域的称职性以及被认可机构的治理和行政安排来决定每项申请。被认可的机构作为法律行业执业机构规制者的授权，将说明其颁发执照的法律行业执业机构可以从事哪些法律服务领域。

66. 以上一段所述的原则为例，不难想象，在模式 B+ 之下，法律服务理事会会判定 CLC 有能力规制三名产权转让人和一名出庭律师打算一起合伙提供产权转让服务的执业机构。但是，如果该执业机构可能希望从事产权转让以外的指定法律服务，那么应当允许 CLC 规制这样的 LDP 就不太显而易见了。如果 CLC 确实希望规制这种执业机构（在与我的讨论中，CLC 表示它相信它确实拥有规制涉及纯粹产权转让之外的服务的执业机构的基础设施和技能），它在向法律服务理事会申请时需要证明其称职性并具有适当的治理安排；由法律服务理事会在适当协商后确定申请的合理性。

67. 一线被认可团体向法律服务理事会申请授权在特定领域规制 LDP（"申请 A"）与潜在 LDP 向被认可团体申请执照以在指定的法律服务领域执业（"申请 B"），显然是不同的。

68. 如果潜在 LDP 选择在特定领域执业，而就该领域法律服务理事会授权了多个被认可的团体，那么它们可能面临着选择。潜在 LDP 可能会根据规制成本、品牌和扩展业务领域的可能性，选择被认可的团体作为 LDP 规制者。

69. 如果潜在 LDP 提供的服务在作为 LDP 规制者的被认可团体的权限范围内，则就像本章所指出的那样，LDP 需要满足许多条件，其中包括：（i）使规制者确信法律实务负责人有资格监督法律行业执业机构提供的服务范围；（ii）律师在法律行业执业机构管理人中占多数的证据。条件（i）以称职性为基础，旨在确保关键规制联系人具有维护事务所法律服务标准所需的称职性；条件（ⅱ）旨在通过资格确保大多数人致力于人们期望法律执业机构所要达到的伦理标准。

70. 下图说明了这些建议。

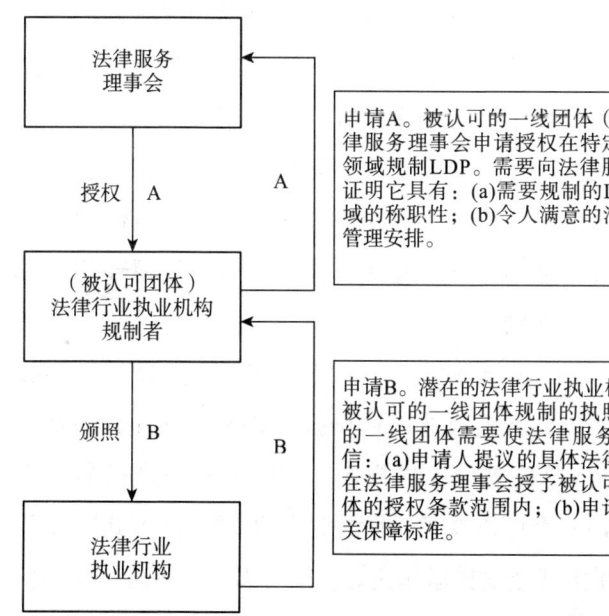

71. 很明显，本章中的建议将规制平衡显著转向对经济单位的规制，而不是对各个执业者的规制。所建议的规制制度主要关注谁经营该执业机构以及如何经营。这并不是要减轻每个律师个人达到对其职业所期望的高标准的责任。但是它承认这一商业现实，即在任何规模的执业机构中，规制者都会对经营事务所的高级管理人的称职性及其所采用的管理制度特别感兴趣。

72. 因此，每个被授权作为 LDP 一线规制者的被认可团体的主要关注点，将放在执业机构本身之上；并且最好是每个律师管理人，无论他来自哪个法律职业分支，都要将同一被认可团体作为其牵头规制者。律师管理人将仍是他参加考试的一线团体的成员；但是要受到他所工作的经济单位的牵头规制者的规制。这种"就经济单位进行牵头规制，就职业资格进行剩余规制"的原则并非新鲜事物。这一原则的一种形式存在于许多领域：例如，许多事务律师为银行工作；他们的牵头规制者是 FSA，但是他们仍然是事务律师协会的成员，遵守该团体成员应当遵守的一般职业伦理行为规则。

73. 上述提议概述了法律行业执业机构的规制框架，旨在为希望以新方式执业的律师提供便利。然而，问题在于，"就经济单位进行主导规制，就职业资格进行剩余规制"的原则是否可以在某个阶段适用于以当前方式执业的律师。如果上述新安排运作良好，则可以考虑将这一原则扩展到现有结构。许多以独资执业者身份经营的事务律师诉辩者表示，他们可能希望出庭律师公会作为他们的牵头规制者。采用相同的原则，一组希望在出庭律师公会设定的执业限制之外运作（例如在直接近用出庭律师问题上）的出庭律师工作室，可能希望选择一个在诉辩方面具有称职性的不同的规制者。原则上不应反对这些安排。律师必须服从牵头规制者的执业规则；如第 B 章所述，法律服务理事会希望确保遵守可接受的最低标准，从而避免规制上的"逐底竞赛";第 C 章中规定的单一投诉制度将确保不满意的委托人不会因这些安排而感到困惑。

出庭律师与在合伙中执业的权利

74. 在从 LDP 问题转向 MDP 问题之前,还有一个问题与提供法律服务方式的自由化有关。第 2 段指出,在出庭律师界,一个历史性禁令是,出庭律师不得与其他出庭律师或者事务律师建立合伙关系;他们可以为事务律师事务所工作,但是如果没有重新获得资格,就不能成为合伙人。如第 11 段所述,出庭律师公会现在——在回应《协商文件》时——建议,在其规制之网之外,应当允许出庭律师与法律行业执业机构的其他出庭律师和事务律师建立合伙关系;但是它又称,在其规制下允许出庭律师合伙是违反公共利益的。

75. 禁止加入出庭律师公会的人形成合伙的一个后果是,最初的几年可能很困难。出庭律师公会主席于 2004 年 3 月在下议院宪法事务委员会作证[1]时描述了这一立场:"出庭律师职业的一个权衡是,一开始你有糟糕的几年,也许一事无成,然后就离开了。由于竞争,我们在 30 岁左右经历了一次大洗牌。这样做的权衡是,你认为在那

---

〔1〕 Minutes of Evidence taken before Constitutional Affairs Committee; Civil Legal Aid: Adequacy of Provision, HC 391-ⅲ, 23 March 2004 [Question 185].

之后，从历史上看，你总是有一个不错的收入前景……"

76. 关于合伙的问题涉及的是促进措施，而不是强制。出庭律师公会主席在他今年早些时候写的一篇文章[1]中提出了支持禁止的理由，并得出结论说："这就是为什么我们反对关于我们应当被迫建立合伙关系的建议的原因。"据我所知，从来没有人建议应当坚持合伙；问题是出庭律师公会的禁令。我接受，当与大多数出庭律师经营的工作室制度相结合时，单独执业者身份作为提供诉辩服务的一种方式是有价值的。问题在于出庭律师公会是否应当拒绝允许在其规制之网下以其他方式提供此类服务。

77. 出庭律师公会限制合伙的理由，可见于由悉尼·肯特里奇（Sydney Kentridge QC）爵士担任主席的委员会针对公平贸易办公室的"职业竞争"[2]文件准备的一份报告。该报告认为，该规则以三种方式确保出庭律师服务向公众提供最广泛的可用性：它有助于最大限度地降低出庭律师提供服务的成本；它使出庭律师界能够保持"出租车待雇规则"；它通过最大限度地增加竞争企业的数量来促进竞争和选择。

78. 与成本最小化有关的理由是，"出庭律师作为个人提供服务的收费通常低于合伙经营的事务律师的收费"。[3]这可能是由于多种原因造成的：事务律师执行不同的职

---

[1] *Legal Week*, 8th January 2004.
[2] op. cit.
[3] op. cit.

责，他们需要不同的后台系统来处理委托人文件；他们需要不同的场所来会见委托人。由于他们已经建立了合伙关系，因此产生更高的成本并不明显，这是有争议的问题。无论如何，即使正确，它也不是禁止合伙的理由。一种经济单位的成本高于另一种经济单位不是禁止它的理由；这可能是它不太成功的一个原因。

79. 与"出租车待雇规则"有关的理由是，如果出庭律师是合伙人，则很难适用。包括公平贸易办公室在内的一些人认为，有限形式的"出租车待雇规则"可以适用于合伙。但是要判断出庭律师公会的理由，重要的是要了解该规则目前的运作方式。

80. 应当认识到，"出租车待雇规则"这一标记可能会产生误导。乘坐出租车的价格受到规制；它们的可得性与否得到了清晰显示。这些条件均不适用于出庭律师。多年来，在出庭律师公会与负责法律援助服务的人员协商后，犯罪和家庭法等公共资助领域的收费标准被"认为"是适当的。这导致要求出庭律师以这样的费率接受工作。但是最近费率变得"不再是设定的"，将这些领域以及其他领域的费率问题留给了各个出庭律师。如前所述，关于出庭律师的可用性，这通常是不清楚的。正如一位出庭律师在回复中所评论的那样，处于忙碌中"通常是一个灵活的概念，任何相当成功的出庭律师都能够令人信服地断言，他或者她目前的职业和私人责任使他或者她无法接受对他或者她没有吸引力的案件——直到下一个他们愿意做的有趣案件出现。"[1]

81. 即使没有关于费用水平或者可用性的问题，该规则也不能确保经常声称的获得代理权。出庭律师必须接受来自事务律师的委托。在委托人可以直接联系出庭律师的有限情况下，《肯特里奇报告》指出该规则不适用。因此，对于公众来说，这条规则相当于："如果你可以请事务律师，就可以请出庭律师"。如果与委托人广泛直接接触出庭律师相结合，该规则会更加有力。

82. 《肯特里奇报告》中进一步反对合伙的理由，与竞争的重要性有关；出庭律师公会声称允许合伙将限制选择。目前还不清楚，作为专业转介诉辩者的许多出庭律师是否愿意结成合伙。特别是，高度专业化领域（减少选择可能很重要）的出庭律师似乎不太可能建立伙伴关系，因为利益冲突问题可能会削减他们的工作流。公平交易办公室评论说：

> "全面禁令未能区分可能增加竞争和选择的合伙和可能不会增加竞争和选择的合伙。另一方面，禁止合伙限制了选择：出庭律师对最能满足其需求和委托人需求的方式调整其商业结构的选择权受到了限制。"

一般而言，通过消除对贸易的限制和鼓励拥有出庭发

---

[1] Matrix 出庭律师工作室 David Wolfe 于 2004 年 6 月提交的答复。

言权的人可以在其中经营的经济单位类型的最大自由度，可以促进竞争和消费者选择。正如公平贸易办公室所指出的那样，在集中不利于公共利益的地方，存在着防止集中的规则。

83. 证明负担由那些试图为限制性做法辩护的人承担。我的结论是《肯特里奇报告》中的观点有力，但是比声称的力度要小；而且我不相信它们相当于在出庭律师公会的规制下禁止其他类型的商业结构的结论性案例。这一部分提出的问题由公平贸易办公室负责，我鼓励他们继续审查这一领域，从他们的报告"职业竞争"[1]开始。在适当的时候，它会成为法律服务理事会感兴趣的领域，因为它提出的目标包括促进竞争。诚然，法律行业执业机构的发展可以绕过出庭律师公会的拒绝（不允许其规制之网内的合伙）。但是，鉴于出庭律师公会的重要性、其在高等法院诉辩中的持续主导地位以及它对那些在自雇出庭律师之外从事法律职业的出庭律师的态度，如果取消这种限制性做法，就更容易实现更多的商业结构选择。

对 MDP 的需求

84. MDP 是汇集律师和其他职业人员为第三方提供法律和其他服务的执业机构。因此，例如，律师和会计师可

---

[1] op. cit.

以在执业机构中共同为他们的委托人提供法律和会计服务。对 MDP 的兴趣可能来自两个来源：消费者和供给者。非营利领域表明，许多消费者有一系列相关的法律和非法律需求，需要整体解决方案。Hazel Genn 教授的"通往正义之路"[1]等学术研究也支持这一点。一些志愿部门机构为了委托人的利益将法律和非法律服务结合起来。例如，慈善机构 Shelter 除了为有住房需要的人提供住房选择和支持服务方面的建议，还提供法律建议。[2]商业领域的其他人也指出，例如，在因车祸引起的索赔的情况下，MDP 可以提供综合服务，处理所有相关问题，例如财产损失（汽车）、机动性（免费用车）、健康、康复和赔偿。工会等亲密团体也为其成员提供一系列服务，其中法律咨询是其中之一，但是该咨询有时与就业和福利问题等其他需求密切相关。

85. 与 LDP 的情况不同，MDP 有理由期望消费者能够区分不同的职业人员，例如"律师"和"会计师"。尽管正如前面第 13 段所讨论的那样，消费者需求可能没有被阐明，但是人们可以很容易地看到，例如在消费者债务、遗产规划或者个人税收领域，法律和会计技能的结合对于

---

〔1〕 *Paths to Justice*: *What People Do and Think About Going to Law*, Hazel Genn, Oxford: Hart Publishing, 1999-also referred to in *Geography of advice*: An overview of the challenges facing the Community Legal Service, Citizens Advice, February 2004.

〔2〕 基于咨询服务联盟的回复。

委托人而言，可能是一项有价值的资产。MORI[1]进行的研究表明，只要有适当的规制保障措施，消费者就会对"一站式购物"的便利性和可近用性感兴趣。如前所述，问题不在于这种组合是否应当是强制性的，而在于为什么它们不应当被允许。

86. 现在谈谈供应商，"安然"和"世通"事件的后果挫伤了企业对大型 MDP 的情绪，包括大型会计师事务所的全球网络和相关的法律执业机构，这一事实不应掩盖这样一个事实，即中小型职业人员服务提供商可以很好地满足个人或者小型企业的一系列相互关联的需求。许多此类服务提供商（例如会计师、事务律师、房地产经纪人）可能会受益于分担商业街场所和 IT 系统的管理费用，从而使他们的企业更有生存能力。

MDP 的问题

87.《协商文件》及对其的回应指出了 MDP 的一些问题。这些是：

（ⅰ）规制范围的问题——法律服务规制者如何对非律师、为委托人提供不同的职业服务以及在委托人处理等领域可能有不同的执业守则的人行使权力；

---

[1] MORI: op. cit.

(ⅱ) 在涉及两个以上职业且没有明显的牵头规制者的情况下，规制范围的额外问题；这将包括在涉及非法律职业人员的情况下使用 HOLP 模式的问题；

(ⅲ) 法律职业特免权问题；

(ⅳ) 非管理人的外部所有权的进一步复杂性。

我们依次讨论每个问题。

88. 在这些问题中，最根本的是**规制范围**。本审查报告提出了英格兰和威尔士法律服务的规制框架；在第 B 章，提出了设立法律服务理事会的建议。但是该理事会对法律领域以外提供的服务没有管辖权。因此，规制者必须在认为合适的情况下与其他规制者达成合作安排。这样的安排很可能包括确定谁将担任"牵头"规制角色以及"少数"职业的规制者如何运作。

89. 如果在 MDP 中有**两个或者更多的职业**，且任何一个都不占多数，就会存在额外的复杂性。其仍可能存在牵头规制者的概念，但是如果直接控制的是企业的少数部分，则其力度有限。当然，MDP 中的每个服务流都可以有单独的实务负责人（HOP），也许是在一个总的实务负责人之下，以确保整个实体的适正性。但是应当认识到，很少有人能够在广泛的服务领域展示其称职性。此外，HOLP 的影响可能在多服务企业中更加分散，例如 MDP，如果法律服务不是主导业务，则更是如此。

90. 阻碍 MDP 发展的一个相关障碍是**法律职业特免权**

(legal professional privilege, LPP) 问题。从本质上讲，LPP 意味着委托人与法律顾问之间在获得法律建议或者协助的情况下进行的某些交流受到保护，不被披露，即使在法律程序中也是如此。这一特点几乎是法律行业独有的，被视为律师与委托人关系的基石，其程度高于类似职业。正如最近的 *Three Rivers* 案件[1]和洗钱条例所表明的那样，确实会根据情况的变化不时对特免权的界限进行审查。

91. MDP 面临的困难在于其委托人不清楚 LPP 是否仅适用于与法律职业人员讨论的法律问题（受 LPP 规则的约束），或者它是否同样适用于由 MDP 处理的所有问题。这些相同的规则可能并不涵盖非法律职业人员；并且在某些情况下有完全不同的守则：例如，会计职业的审计师有准备一份关于企业账目的客观报告的职责。在某些领域，他们有义务寻求对其委托人的陈述进行独立验证。如果必须将信息视为受特免权保护，这种客观性可能会受到损害。

92. 事务律师协会建议，绕开这些问题的一种方法是在法律实务周围设置一个围栏，将其与处理非法律事务的那部分实务分开。落实此围栏的最简单方法是将法律服务业务置于一个单独的法人实体中。然而，人们将认识到，这样做的效果是回到法律行业执业机构的概念，尽管它可能与非法律实务具有共同所有权。

93. 这一推理强调了事务律师协会提出的观点，即通

---

[1] Three Rivers District Council v. The Bank of England [2004] UKHL 48.

过具有共同所有权和共同品牌的不同执业机构（其中之一可能是法律行业执业机构）的存在，有可能接近事实上的 MDP。

94. 应当指出的是，在当前的法律服务框架中已经存在一种形式的 MDP。目前，许多法律执业机构提供金融服务，作为为其客户提供全方位服务的一部分。如果此类金融服务构成律师事务所主流工作的一部分，则该事务所必须获得 FSA 的授权，并且执行受控职能（例如投资建议）的任何人都必须是经批准的人（在 FSA 的登记册上）。如果这些金融服务是主要法律工作的附带或者补充，则这些律师事务所不经 FSA 授权。相反，他们要遵循由适当的职业团体（称为指定职业团体）制定的规则，例如事务律师协会。

95. 法律服务理事会和 FSA 需要在本审查报告中包含的提案的背景下考虑这些安排，但是总的来说，它们似乎以令人满意的方式运作，应当"进入"到新的规制制度中。

96. 与 LDP 一样，**外部所有者**参与 MDP，带来了吸引资本投资和新业务专业知识的机会。关于"适合拥有"标准，财务稳健性的标准需要考虑到 MDP 将要开展的活动，如果 MDP 意图作为主角算从事跨越整个服务范围内的交易，则这将与法律执业机构的情况很不相同。

97. 不同职业之间的合作可能会达成某种标准。但是这前提是每个职业都有一个可以约束整个职业的"牵头规制者"；并且其他职业的规则将允许外部所有者投资于

MDP 企业——这可能是这样，也可能不是这样。

98. 那些希望考虑替代性商业结构的人向我表达的压倒性看法是，在 MDP 羽翼丰满之前，让律师在 LDP 中一起工作，并评估其规制后果，将是一个良好的开端。我同意这种看法，但是也会鼓励事务律师协会的举措，他们正在做进一步的研究以评估对 MDP 的需求。

99. 因此，审查报告建议必要的第一步（这将促进 MDP 在随后的日期出现）是为 LDP 建立适当的规制框架，包括法律服务行业的规制牵头团体，例如将与法律服务理事会一起出现的规制牵头团体。要由该理事会决定是否可以与其他规制者就有着共同所有权的不同执业机构在它们之间如何运作做出令人满意的安排（如上文第 88 段所述），或者实际上如何允许它们在同一法律实体内部共同运作。在这两种情况下都以适当保护消费者利益的方式进行。

100. 这些担忧中的任何一个都不应被视为意味着它们无法解决或者 MDP 是一个不可行的提议。然而，要使 MDP 成为现实，就必须在不同职业之间进行真正的合作。正如已经评论的那样，第一步必须是找到一种方法，让来自不同一线团体的律师可以在一个一致的规制框架内一起工作。本审查报告集中在这个目标上。如果规制当局在随后的某个时刻认为可以贯彻落实充分的保障措施，则这将是迈向 MDP 的重要一步。

结 论

101. 法律行业执业机构是允许来自不同职业团体的律师平等地一起执业的法律执业机构。我的结论是，应当允许非律师人员担任此类执业机构的管理人，但是须遵守律师应在管理组中占多数的原则。非律师人员将在那里提高法律执业机构的服务，而不是为公众提供其他服务。

102. 应当允许法律行业执业机构的外部所有权。此类所有权应当达到"适合拥有"标准；但是规制当局的主要关注点应当是管理团队的身份，特别是法律实务负责人和财务和行政负责人，以及他们采用的管理制度，简而言之，就是谁管理该执业机构以及如何管理。在英格兰和威尔士，就某些类型的提供产权转让服务的法律执业机构而言，已经允许外部所有权；建议在法律服务理事会制定适当的保障措施的情况下，应当在现在法律服务市场的其他领域允许外部所有权。

103. 在对法律行业执业机构的规制中，建议规制体系的重点应当放在经济单位，而不是律师个人身上。实行的原则是"以经济单位为牵头规制，以执业资格为其余规制"。被认可的一线团体将向法律服务理事会申请授权，以规制指定类型的法律行业执业机构；法律服务理事会将根据被认可团体在特定法律服务领域的能力以及被认可团体已有的治理和行政管理安排来决定每项申请。

104. 多行业执业机构是将律师和其他职业人员汇集在一起，为第三方提供法律和其他服务的执业机构。法律工作可能只是该执业机构所做工作的一小部分。此类执业机构存在相当大的问题，尤其是就规制范围方面；以及诸如法律服务理事会之类的规制者对法律领域以外的活动没有管辖权这一事实。本审查报告的建议是重点关注建立以法律服务理事会为中心的新的律师规制体系，以及对法律行业执业机构的授权。如果规制当局在随后的某个时刻认为可以实施足够的保障措施，则这将是迈向多行业执业机构的重要一步。

英格兰和威尔士法律服务规制框架审查报告附录

附录1 受访者名单

Advice Services Alliance

Age Concern England

District Judge Jill Allen

Allen & Overy LLP, Solicitors

Allianz Cornhill

MrsSally Allix

Association of Law Costs Draftsmen (ALCD)

Association of Partnership Practitioners

Association of Personal Injury Lawyers (APIL)

Lawrence Bagshaw

Bar Association for Commerce Finance and Industry (BACFI)

Bar of the Wales & Chester Circuit

W Alasdair Baxter

Beachcroft Wansbroughs, Solicitors

N D Bellis, solicitor

Berrymans Lace Mawer, Solicitors

Better Regulation Task Force

Professors Andrew Boon, Jenny Levin, Donald Nicholson, Julian Webb,

Universities of Westminster and Strathclyde (joint response)

Sir Jeffery Bowman

Brent Community Law Centre

British Legal Association

British Printing Industries Federation

David L Brown

Michael B Buck

M F Burdett, solicitor

Burges Salmon LLP, Solicitors

Alan Caig

Sheila Cameron QC DCL, Master ofthe Faculties/ Peter Beesley, Registrar,

Faculty Office (joint response)

Campaign for the Reform of the Office for the Supervision of Solicitors

(CROSS)

Peter C Careless, solicitor

Carpenters, Solicitors

Susan Carter, Ross Carter, Solicitors

Carter Lemon Camerons, Solicitors

Citizens Advice

Clifford Chance LLP, Solicitors

COMBAR (Commercial Bar Association)

Committee of Heads of University Law Schools (CHULS)

Consumers' Association (Which?)

Linda M Costelloe Baker, Scottish Legal Services Ombudsman

CCBE (Council of the Bars and Law Societies of the European Union)

Council for Licensed Conveyancers (CLC)

Council of the Inns of Court

Coventry Law Centre

A B Craven, HIPS (97)

Credit Services Association

Mrs I Crosthwaite

Michael T Darwyne

DAS Legal Expenses Insurance Co Ltd

Michael Dew, solicitor

Sue Doughty, Member of Parliament for Guildford E Durant

Edwards Geldard, Solicitors

Eifion Edwards

Mrs L J Elt

Kevin H Emsley, Lupton Fawcett, Solicitors

W E G Eusden

M M Evans

Faculty of Advocates (Scotland)

Family Law Bar Association

David Farrer QC, Simeon Maskrey QC, Nigel Rumfitt QC, Derek Sweeting

QC, Barbara Connolly, Timothy Walker, Brendan Roche, Jeffrey Jupp, Steven

Gray (joint response)

Mark Field, solicitor

Financial Services Authority, Small Businesses Division

FDA (First Division Association)

FirstLAW Limited, Solicitors

Forum of Insurance Lawyers (FOIL)

David Foster, Barlows, Solicitors

Roy Fox

John A Franks

Freeclaim IDC plc

Freshfields Bruckhaus Deringer, Solicitors

Michael Garson, solicitor
General Council of the Bar
J A E Gorst
Hazel Grant, solicitor

D R Hale
Ian R Hamilton
Melike Hart
Mrs Margaret Haworth
D C Heard
Richard Henchley, solicitor
Henmans, Solicitors
Herbert Smith, Solicitors
Herrington & Carmichael, Solicitors
K D Hoskin
Thurstan Hoskin, Thurstan Hoskin and Partners, Solicitors
Mrs Vivien Howarth
Anthony Hughes, Ricksons, Solicitors

Immigration Advisory Service
Independent Association of Advocates of South Africa

In-House Lawyers' Group of The Law Society of Scotland
Institute of Chartered Accountants England & Wales
Institute of Chartered Secretaries and Administrators
Institute of Indirect Taxation
Institute of Legal Cashiers & Administrators
ILEX (Institute of Legal Executives)
Institute of Professional Willwriters
Institute of Trade Mark Attorneys/ Chartered Institute of Patent Agents (joint response)
International Underwriting Association
Irwin Mitchell, Solicitors

Peter Jacks/Andrew Hodges, Fraser Brown, Solicitors (joint response)
W G Jeffery
C M Johnston
Jomati Ltd
Jack Jones
Justices 'Clerks' Society

Ewan G Kennedy, Faulds Gibson Kennedy, Solicitors, Scotland
Alan Kerr, Kerr & Company, Notary Public
Kincardine & Deeside Faculty of Solicitors

Stephen Kinsey, Wildbore & Gibbons

Knights, Solicitors

Tim Lamb

Sir Stephen Lander，事务律师协会独立专员

英格兰和威尔士事务律师协会

下列地区的事务律师协会：

  Berkshire, Buckinghamshire & Oxfordshire;
Birmingham; Bournemouth & District;
Bournemouth & District Trainee Solicitors & Young Solicitors Groups;

  Bristol; Buxton & High Peak;

  Cambridgeshire & District; Cardiff & District; City of London;

  City of Westminster and Holborn; Derby & District;

  Devon & Exeter; Dorset; Gwynedd; Hampshire; Hertfordshire; Kent;

  Leeds; Lincolnshire; Mid Essex; Newcastle upon Tyne;

  Norfolk & Norwich; Northamptonshire;

  Southend-on-Sea & District; Stockport; Surrey;

  Tonbridge Tunbridge Wells & District; West Essex; West Wales; Westmorland; Wolverhampton; Worcestershire; Yorkshire.

英格兰和威尔士事务律师协会团体和部门：

  Association of Women Solicitors
  Black Solicitors Network
  Commerce & Industry Group
  Group for Solicitors with Disabilities
  Hertfordshire Local Group, Solicitor Sole Practitioners Group
  Lay Members, Law Society Council
  David Merkel, Council member for Solicitors with Disabilities
  Probate Section
  Solicitor Sole Practitioners Group
  Solicitors in Local Government Group
  Trainee Solicitors' Group/ Young Solicitors Group (joint response)

Law Society of Scotland
Law Society of Upper Canada
Elizabeth Leah, Howell-Jones Partnership, Solicitors
Legal Action Group (LAG)
Legal Aid Practitioners Group (LAPG)

Legal Marketing Services Ltd
Legal Services Commission
Legal Services Consultative Panel
Sir Andrew Leggatt
Mrs L H Lewy
Lexfutura Nigel Ley
Linklaters, Solicitors
David Lock
London Criminal Courts Solicitors Association (LCCSA)
Lovells, Solicitors

Maclay Murray Spens, Solicitors, Scotland
P Male
Zahida Manzoor CBE, Legal Services Ombudsman for England and Wales
Professor Stephen Mayson, Nottingham Law School
McGrigors, Solicitors
Dr Harry McVea, University of Bristol
Mercer Human Resource Consulting
Mrs Diana Mitchell
Victoria Moore, MooreAcademy
Richard Moorhead, Cardiff Law School
Larry Moriarty
Motor Accident Solicitors Society (MASS)

Sarah Mumford/Margaret Bromley, solicitors (joint response)

National Association of Paralegals
National Consumer Council
Nelsons, Solicitors
North Eastern Circuit (Bar)
Norton Rose, Solicitors
Notaries Society

Clifford J Oakes
Office of Fair Trading (OFT)
Mr David O'Hagan, Barry & Blott, Solicitors
Oldham Law Association
Olswang, Solicitors

David M S Palmer
Parabis
Paralegal Association
Crispin Passmore
Patent Office
Professor Alan Paterson, Strathclyde University
Mrs H S Peasegood
Lord Phillips of Sudbury, solicitor

英格兰和威尔士法律服务规制框架审查最终报告

Professor J F Pickering

V G Playle

Martin J Powell

Principal Registry of the Family Division

Tim Pyper, TLT, Solicitors

RAC Legal Services

Freda Raphael

Mrs Christine Reay, solicitor

Mrs K Robinson

ROCAS (Reform of Complaints Against Solicitors)

Royal Bank of Scotland Group

Royal Faculty of Procurators in Glasgow

Royal Institution of Chartered Surveyors

Royal Pharmaceutical Society of Great Britain

Christina M Rundle

John Scampion CBE, Immigration Services Commissioner

Scotland Against Crooked Lawyers

Colin Scott, London School of Economics

Scriveners Company

Shepherd & Wedderburn, Solicitors, Scotland

Geoffrey A Shindler, solicitor

Shoosmiths, Solicitors

Simon Smith

Society of Legal Scholars

Society of Scrivener Notaries

Society of Trust and Estate Practitioners (STEP)

Society of Will Writers & Estate Planning Practitioners

Socicty of Writers to Her Majesty's Signet (W S Society, Scotland)

SSARMCA (Soldier, Sailor, Airmen, Royal Marines Commando Association) Solicitors Association of Higher Court Advocates (SAHCA)

Solicitors Disciplinary Tribunal

Solicitors Family Law Association (SFLA)

SIFA (Solicitors Independent Financial Advice)

Solicitors*Pro Bono* Group

Edward Solomons, solicitor

Anthony Speaight QC

Penelope and Geoffrey Stansfield

Alan Street

Taylor Vinters, Solicitors

Mrs Jane E Taylor/ Mrs Betty M Hine (joint response)

J M Taylor

John M Taylor

William S Taylor

Technology and Construction Bar Association

Thompsons, Solicitors

Paddy Tipping, Member of Parliament for Sherwood

Trade Marks Patents and Designs Federation (TMPDF)

Alan Turle, Richards & Morgan, Solicitors

UK200Group

Union Internacional del Notariado Latino, Mexico (Francisco S Arias, President)

Unione Internazionale del Notariato Latino, Italy (Dr Emanuele Ferrari, Secretary for Europe & Asia)

Walker Morris Online, Solicitors

Matthew Ward, Lancashire Paralegal Associates Ltd

Wards, Solicitors

Tom Williams

Mrs Penelope Wilson

David Wolfe

Wollastons, Solicitors

两名受访者要求就其姓名保密,因此其姓名不予透露。

附录 2　SLAUGHTER AND MAY 律师事务所咨询意见

欧盟和其他国际准则在法律职业规制中的应用

导言

1. 出庭律师公会在回应英格兰和威尔士法律服务规制框架审查所发出的《协商文件》时，在其文件第 B6.10 段总结道：

> "虽然《协商文件》建议新的法律服务局是一个独立的法定机构，但我们认为这并不足以符合国际公认的关于法律职业独立性的准则。"联合国《基本原则》之原则 26 和其他律师国际标准，以及欧盟内部的普遍期望，都强调了法律职业参与规制其自己的成员的重要性。

我们被要求就这一结论是否可持续提出咨询。基于下列理由，我们认为并非如此。我们认为，模式型和模式 B+ 都符合共同体法律、国际准则和《欧洲人权公约》。

2. 我们还被要求考虑 *Wouters* 案件和 *Arduino* 案件的判

决对这一假设可能产生的影响：促进竞争是可以巩固规制制度的目标之一。

对制定法提出挑战的理由

3. 无论最终采用何种规制制度，都必须通过制定法引入，因为目前的规制框架基本上是法定的，必须废除。

4. 根据英国法律，重要立法在英国法院只能受到两个理由的挑战：①因为它违反了具有至高无上地位的欧洲共同体法律；或者②因为它违反了《人权法》。与附属立法不同，对以不合理、非法或者程序不当为由提出的挑战，不存在任何形式的司法审查。

共同体法律

5. 出庭律师公会提到了共同体法律的许多规定和欧洲议会的一项决议。它认为，《开业指令》（Dir. 98/5/EC）的前提是，成员国的法律职业是自我规制的。然而，远不能说该指令要求自我规制。我们在《指令》中找不到任何规定这类要求的内容，更不用说会导致《协商文件》中任何提议模式违反共同体法律的规定了。

6. 出庭律师公会还提到了CCBE行为守则。这只适用于律师在欧洲的跨境活动（如果有的话）。它通过《事务律师执业规则》和出庭律师公会《行为守则》而具有约束力。CCBE行为守则包含了许多一般性原则，包括律师保持独立性的要求。然而，它并没有就如何规制行为或者执

行惩戒规则作出任何规定。相反,第1.2.2段明确规定各会员国之间的传统各不相同:

"每个律师协会的特定规则均源自其自己的传统。它们与有关成员国的职业的组织和活动范围相适应,与其司法和行政程序和国内立法相适应。"(着重号为笔者所加)

7. 出庭律师公会最后提到欧洲议会2003年12月11日的一项决议,该决议称:

"……合乎伦理的行为的重要性、保守委托人秘密保密的重要性以及高水平的专业知识的重要性,使得自我规制制度的组织成为必要,就像今天由职业团体和命令所运行的那样……"

这没有约束力,也远不清楚为什么能源自前提得出该结论。

8. 确实,法院最近的判例法(如果有什么的话)证实,会员国保留了在相当大的程度上规制法律职业的权力,甚至还保留到设定费率的权力。在C35/99 *Arduino* 案件中,法院确认,意大利规制法律职业的制度不是企业之间的协议——这属于第81条的范围内,该条禁止明显限制竞争的协议——而是一项国家措施,因为政府保留了很大的决策权和控制权。虽然根据《条约》3（1）（g），意大利政府有义务不引入扭曲竞争的措施，但是它有权为公共利益采取适当措施来规制法律职业，包括为意大利律师业规定收费水准。没有人认为政府的这种干预违反了共同体的原则。2003年3月，蒙蒂（Monti）专员在对德国联邦律师协会的一次演讲中评论了这一判决，他说：

"Arduino案件的判决澄清了成员国有权规制职业。这并不奇怪，因为在欧洲层面缺乏统一的情况下，成员国对定义职业运作的框架负有主要责任。他接着说，成员国只要保留决策权并建立足够的控制机制，就可以让职业团体参与执行这项任务。在没有明确指示和控制的情况下，它们不得将其权力让渡给职业团体。"（着重号为笔者所加）

共同体实践

9. 这一法律立场——成员国可在规制法律职业方面扮演重大、直接角色——已被实践所证实。我们与法国、德国、意大利和西班牙的当地律师一起审查了这些国家的立场，在每一种情况下，国家都在很大程度上实质、直接参与法律职业的规制。本文总结了我们的研究结果。

10. 在德国，法律职业受制定法调整，主要是《联邦律师条例》（"BRO"）和《律师职业守则》（Berufsordnung

für Rechtsanwälte)。这绝不仅仅是一个授权机制。《条例》第三部分详细规定了律师的职业伦理和行为规则，以及律师的组织和执业方式。诚然，惩戒程序被授权给了职业，但是最终可以提交到联邦法院。

11. 在法国，第71-1130号法律和第91-1197号法令详细规定了适用于法律职业的原则，包括大多数关于职业行为的规则、进入该职业的条件、各律师委员会的权力、费用和不兼容职业的规定。虽然地方律师委员会有权制定自己的内部规则，但是这些规则必须符合法律和法令的规定。法律规定的规则的执行主要掌握在律师委员会手中，但是受上诉法院的控制。

12. 意大利对法律职业的规制结合了法定和自我规制的要素：主要规则在立法文书中规定，而更详细的规定的制定、它们的执行和对该职业的更普遍的监督，基本上留给自我规制。立法文件规定了调整法律职业的规则，包括从事该职业的条件，关于职业行为的一些一般原则和对其违反这些原则的行为的制裁，地方和国家律师公会的选举和权力，以及对费用和不兼容职业的规制。另一方面，律师公会（由法律职业选出）被授权适用和执行许多这样的法定条文，并根据法律所规定的一般原则制定了一套行为守则；特别是，惩戒程序被授权给律师公会，但是最终可通过基于法律要点、管辖权异议或者滥用权力的上诉诉至最高法院。

13. 在西班牙，直到最近才通过规制法律职业的规定，即 2001 年 6 月 2 日第 658/2001 号皇家法令。这些规定是由全国律师公会提出，但是经政府通过的。该皇家法令规定了该职业的准入条件、该职业的治理团体和惩戒条例。惩戒事宜由律师公会执行，但是受法院控制。

人权

14. 《欧洲人权公约》并没有明确规定成为不受国家规制的律师的权利。然而，律师的独立性通常被视为一项基本原则，欧洲人权法院很可能支持这一原则。国家的参与和对法律职业的规制似乎在某种程度上已被接受，因此，真正决定人权是否受到侵犯的是该制度的细节。只要规制团体明显独立于政府，而且该制度提供了强有力的保障措施，防止行政部门干预规制团体的职能，从而使律师在客观上可以不受政府影响自由地从事其职业，我们预计不会有任何切实可行的人权挑战。

其他国际原则

15. 出庭律师公会依据了 1990 年《联合国关于律师作用的基本原则》中的许多其他原则，特别是：

序言 10：

"律师职业协会在维护职业标准和伦理、保护其成员免受……不当限制和侵犯……并与政府和其他机构合作以促进司法目标和公共利益方面，扮演着关键角色。"

基本原则：

"24. 律师应有权成立和参加由自己管理的专业组织以代表其自身利益，促进其不断受到教育和培训，并保护其职业的完善。专业组织的执行机构应由其成员选举产生并应在不受外来干涉情况下行使职责。

26. 应由法律界通过其有关机构或经由立法，按照本国法律和习惯以及公认的国际标准和准则，制定律师职业行为守则。

28. 针对律师提出的纪律诉讼应提交由法律界建立的公正无私的纪律委员会处理或提交一个独立的法定机构或法院处理，并应接受独立的司法审查。"

16. 其一，就英国政府可以引入的首要立法而言，这些原则都不具有约束力或束缚性。其二，原则 24 涉及自由结社的权利：它没有规定自我规制。其三，原则 28 涉及惩戒程序，要求审理这种程序的当局必须是独立的：它没有规定自我规制。其四，原则 26 明确正视（就像德国和法国的情况一样），职业行为准则可以"经由立法……制定。"出庭律师公会无法指出任何"公认的国际标准或者准则"要求规制团体主要由法律职业组成，这是因为担心律师职业的独立性会受到损害。CCBE 行为守则坚持律师的独立性，但是没有规定应该如何实现这一点。原则上，一个不是主要由法律职业人员组成的规制机构，如果它是独立的，执行客观的行为标准，并被要求维护律师的独立性，那么就没有理由认为它会损害律师的独立性。正如原则26明确承认的那样，通过立法和法律职业，可以很容易地做到这一点。

竞争问题

17. 我们被要求考虑，假设促进竞争是可以支撑规制制度的目标之一，欧洲法院在C-309/99 *Wouters* 案件和C-35/99 *Arduino* 案件中的判决可能对该目标的贯彻落实有什么影响。

18. 在这两个案件中，法院区分了将职业行为规则视为国家措施的情况和将其视为企业协会的决定的情况。在前一案件中（*Arduino* 案件审理的是意大利设定律师费的规则），法院判定它们是国家措施，因此不适用企业竞争规则（《欧洲共同体条约》第81条和第82条）。这是建立在国家制定一般原则和保留重大决策权和控制权的基础上的。在后一案件中（*Wouters* 案件审理的是荷兰律师公会的规则），法院判定这些规则要遵守适用企业的竞争规则。

19. 从比较这两个案件的两组事实可以看出，这种区别并不明确。如果所采用的规制制度的竞争方面被 *Wouters* 案件所列出的原则所涵盖，则依据第81条的适用或者《1998年竞争法》第一章的禁止，竞争原则将自动适用于相关规则。然而，如果该制度的竞争方面被 Arduino 案件的原则所涵盖，那么就完全有可能通过要求公平交易局在规则通过之前考虑到该目标来进行审查，以促进有效竞争的目标。

Slaughter and May 律师事务所

英格兰和威尔士法律服务规制框架审查最终报告

附录 3

ERNST & YOUNG

1 More London Place London

Ernst & Young LLP
SE1 2AF
December 2004

Sir David Clementi

Review of the Regulatory Framework for Legal Services in England and Wales

2nd Floor, Selborne House

54-60 Victoria Street

London SW1E 6QW

亲爱的 David 爵士：

我们为英格兰和威尔士法律服务规制框架审查所做的工作报告。

我们很高兴提交这份总结我们为审查所做的工作的报告。

您被任命对英格兰和威尔士的法律服务规制进行独立审查。

为了评估各种选项，您不仅需要评估每种选项在质上的优点和缺点，而且还需要评估每种选项的财务影响。

您指定我们帮助您评估当前规制框架的成本，以及每种替代性模式可能发生的成本。我们按照与您约定的详细工作范围完成了这项任务。我们的报告如下：

节次

  1 我们的工作范围

  2 我们的工作的局限性

  3 我们的研究结果的总结

此致

Ernst and Young

安永会计师事务所（LLP）

英国安永会计师事务所是一家在英格兰和威尔士注册的有限责任合伙，注册编号为OC300001，是安永全球的成员机构。成员名单可在该事务所的主要营业地点和注册办公室查阅：1 More London Place, London, SE1 2AF

第 1 节：我们的工作范围

审查团队聘请我们收集和分析财务数据，以协助该团队评估在2004年3月的《协商文件》中提出的各种模式选项。我们的目标是使该团队对每个模式的财务影响有一个更清晰的看法。

我们的工作分为两个阶段，如下文所述。我们就每个阶段的路径、方法和关键假设与审查团队达成一致。

阶段 1-现行规制框架的成本

阶段 1 的目标是向每个规制团体收集有关其进行规制

活动的成本的财务信息。

为此,我们与审查团队商定了一个模板,按规制职能(制定规制规则、设定准入标准、监控、执行、投诉和惩戒)、成本类别(直接和间接)和成本类型(如雇用、财产)分析成本。我们还包括了关键的成本驱动因素(例如,雇员数量、查询和投诉)。

我们将模板发送给20家机构填写,这些机构是由审查团队确定目前正在实施规制的机构。我们询问了每家机构最近两个财政年度的信息。随后,我们分别会见了这些机构的代表(通常与审查团队的一名成员一起),以进一步了解它们在规制过程中发生的成本,以及它们填写模板的基础。

我们还要求各机构提供其成员自愿履行规制职能的时间。这形成了历史性成本数据中没有捕捉到的机会成本,这种成本导致规制的总成本被低估了。

历史性成本数据没有完全捕捉高级法官和部长的时间,因此其也低估了这方面的规制总成本。

我们依据的是各机构在会议上和通过已填写的模板向我们提供的信息。我们没有寻求审计或者以其他方式从外部验证数据。因此,我们就此不发表意见。

阶段2–替代性规制模式的成本

阶段2的目标是利用阶段1获得的数据,估计审查团队每一种可能的替代性规制模式的持续现金成本(不包括机会或者建立成本)。

我们最初直接根据从阶段1模板获得的数据，对理论模型和结构的成本进行了高水平的估计，包括在审查的《协商文件》中描述为初始成本的那些成本。这是一种"自上而下"的办法，根据每一模式下提议的团体的职能，将现有费用重新分配给它们。

应审查团队的要求，我们在评估中排除了这些模式对一线团体代表职能的成本的影响，因为这些成本发生在规制框架之外。

随着工作的进展，我们应审查团队的要求，聚焦于两种特定的模式：模式A和模式B+。在每个模式中，我们将第B章讨论的规制职能的成本（准入标准和培训、规则制定、监控和执行）与第C章讨论的成本（投诉和惩戒）分开。我们在第B章中被要求考虑的问题是模式A和模式B+的成本。我们在第C章中被要求考虑的问题是当前制度下单个消费者投诉团体的成本。我们对这些模式的成本进行估算，在与审查团队讨论这些选项如何在实践中工作之后，进行了一系列迭代。

根据审查团队对法律服务理事会（LSB）和法律投诉办公室（OLC）的结构和人员数量的估计，我们用对法律服务理事会和法律投诉办公室采用的自下而上的成本计算方法对我们的自上而下的方法（仍然是高水平的）进行了补充。然而，我们认识到，无论是作为模式A一部分的法律服务管理局，还是作为模式B+一部分的法律服务管理局，其实际成本将在很大程度上取决于其理事会就如何履行其规制职能所作的决定。

第2节：我们的工作的局限性

规制机构收集整理的财务信息的可靠性

各机构所持有的作为完成阶段1模板的基础的财务管理信息的水平差别很大。以前，各机构并没有被要求按照审查团队规定的规制职能单独确定规制成本。因此，各机构根据它们所获得的资料，发展了复杂程度相当不同的方法。一般来说，每一种方法都涉及根据对各机构或者其雇员在规制活动上所花时间的比例的估算来分配成本。

在阶段1，我们遇到了许多定义问题：

- 将某些活动分类为受规制的或不受规制的；
- 将成本分配给具体类别的规制活动。

我们设法通过发布带有模板的指导说明以及通过与各团体举行会议，来处理这些问题。然而，尽管如此，各机构对其成本分类的方式仍可能存在一些不一致。

替代性规制模式成本估算的可靠性

审查团队的工作是高水平的，因此我们没有根据拟议的替代性运营模式为规制机构进行详细的预算。

我们是在了解进行各种规制活动的当前成本的基础上进行成本估算的。因此，我们估算的可靠性取决于规制机构提供的直接和间接成本计算的可靠性，以及以下列出的一些假设。

工作假设

- 在新模式下进行的活动的基本性质和数量，将与在现行规制框架下进行的活动没有实质区别，即我们假定稳态运行。

- 在模式A下，各规制团体限制所发生的直接成本，是估算在法律服务管理局合并各规制职能的成本的合理基础，但是通过管理基础设施的规模经济，可节省10%的间接成本。

- 按照模式B+，一线团体的成本将保持目前的水平，但是由于需要将规制和代表职能分开而列入的额外成本除外。

- 如果一线团体确实失去了规制职能，以及失去与这些职能有关的直接成本，随着时间的推移，它们也将能够消除分配的间接成本。如果他们不能这样做，这些成本就必须由一线团体的代表职能来承担。

举例来说，如果如C章所建议的那样，将投诉从一线团体转移到单一的法律投诉办公室，如果不能减少15%的已分配间接成本，将使一线团体代表职能的成本增加200万英镑。

- 对于法律事务理事会和法律投诉办公室，我们进行了自下而上的成本核算，我们的工作根据一些基准计算，这些基准依据的是审查团队所作的运作假设，并载于下一节表2和表3的说明中。

- 在自愿时间方面：

  ○ 对当前规制制度的历史性成本进行分析时，不包括职业团体成员自愿投入的大量时间的成本。对本总结内各表所考虑的替代性模式也作了这一假设。

  ○ 在计算替代性模式的成本时，我们必须考虑是否会有与目前自愿执行的活动相关的财务成本。职业团体向我们提供了所涉时间的估计数，有两个团体向我们提供了这些时间可能要花费的计提费率的估计数。大部分成本涉及治理团体和委员会。

  ○ 至于第B章的成本，在A模式下，我们认为虽然与以前的模式相比，在不同级别的治理中会有较少的执业者参与，但是会有一些通过顾问团进行的持续参与，每年要向顾问团的成员支付费用。一些自愿性工作时间将由法律服务管理局的高级管理人员的时间取代，这些时间是有成本的。在B+模式下，我们假设，由于大多数活动仍由一线规制者进行，与当前安排相比不会有重大变化。在任何一种替代性模式中，我们都没有在我们的成本估计中包括继续自愿提供的时间。

  ○ 就与投诉和惩戒有关的第C章费用，假设其他规制职能采用B+模式，我们假定在一个投诉机构内，投诉将由法律投诉办公室（OLC）的全职雇员处理。

因此，职业人员在处理投诉方面自愿提供的时间将大大减少。

- 对历史性成本的分析也排除了高级法官（记录法官除外）和部长时间，这两个时间无法合理计算成本。在模型 B+下，我们假设这种专业知识将由法律服务理事会的高级职员和理事会成员提供，他们包括在自下而上的成本计算中。

第 3 节：我们的研究结果总结

现行规制制度的成本

这些机构向我们报告的成本总额在 2003/4 年度为 8100 万英镑，在 2002/3 年度为 6900 万英镑（同比增长 17%）。按规制职能分列的成本分析见下文图 1。在 2003/4 年度的 8100 万英镑中，4600 万英镑是第 B 章成本，3500

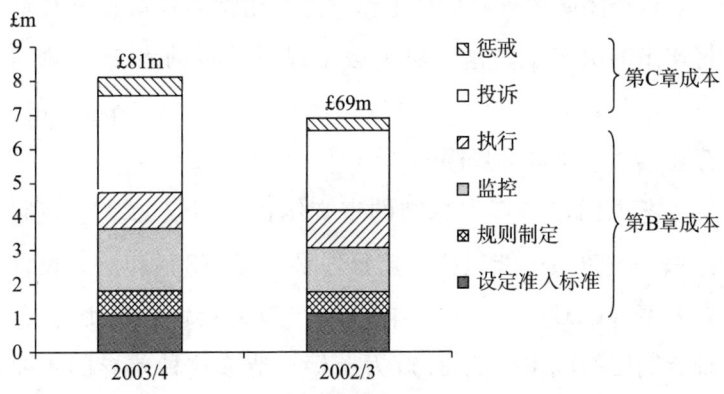

图 1 当前规制成本

万英镑是第 C 章成本。执行规制职能的五个团体占成本的 90%。这些机构包括事务律师协会、出庭律师公会、移民事务专员办公室、持照产权转让人理事会和法律事务监察专员。总成本中有 56% 是直接成本，44% 是间接管理成本。

我们注意到，投诉处理是最大的规制职能，占总成本的 35%（2900 万英镑）。事务律师协会的投诉职能占了这一成本中的 2300 万英镑（包括 1100 万英镑的间接费用）和超过 90% 的投诉量。

除了这些历史性成本之外，我们的工作还发现，法律职业人员以零成本或者只收取耗费的方式提供了大量时间。这段时间的机会成本估计在 750 万英镑至 950 万英镑之间（假设那段时间的费率为每小时 125 英镑至 250 英镑，但是没有向我们提供成本估算）。大部分时间来自出庭律师公会和事务律师协会。

替代性规制模式的估计成本

审查团队要求我们把工作重点放在就第 B 章和第 C 章将作出的决定上。这些决定载于以下几页的表 2、3 和 4 中。这些高级成本计算是按照 2003/4 年度的价格进行的，存在第 2 节所说的局限性。

考虑到在前言中总结的审查结论，拟议的整个规制体系——包括一线机构、监督理事会（LSB）和法律投诉办公室（OLC）——的成本约为 7950 万英镑。相比之下，现行制度的成本约为 8100 万英镑。造成这种差异的主要原因是：

- 法律事务理事会的额外费用,由下列费用抵销:
- 现有监督职能合理化的节余;
- 与现行制度相比,单一投诉机构的节省。这些是就法律投诉办公室进行的自下而上的成本计算所提出的,因为将许多投诉职能合理化为一个机构,从而节省了间接费用。

表1 整个规制制度

目前成本	£81m
提议模式的综合成本	
第 B 章职能（新的监督团体和一线职能）	£50.5m
法律投诉办公室	£23m
惩戒	£6m
合计	£79.5m

第 B 章成本

表2 第 B 章职能

团体	说明	估计的年度成本
模式 A		
法律服务管理局（不包括投诉和惩戒职能）	(1)	£45m
代替以前的自愿性工作的成本	(2)	£2m
合计		£47m

续表

团体	说明	估计的年度成本
模式 B+		
法律服务理事会	(3)	£ 4.5m
职业团体的规制职能（不包括投诉和惩戒职能）	(4)	£ 46m
合计		£ 50.5m

说明和假设
(1) 目前所有规制活动的直接成本将继续由法律服务管理局发生，而不考虑任何可能的增效节约。
(2) 由于在基础设施管理方面实现了一定的规模经济效益，假设可以节省10%的当前间接成本。
(3) 包括首席执行官和有非执行理事的理事会的成本。
(4) 正如第2节所解释的那样，一些时间可能会继续自愿给予，但是这些时间不包括在这里。有些可能会被高级管理人员的时间或者顾问团取代，顾问团的成员会收取费用。这个数字是这项成本的估计。
(5) 根据法律事务理事会有55名工作人员和14名理事会成员的假定人数计算。
(6) 根据执行这些职能的当前成本计算。还包括职业团体将其规制职能和代表职能的治理分开可能发生的成本。

第 C 章 成本

表3 投诉

说明	估计的年度成本
当前成本	
监督职能（法律服务监察专员，法律服务投诉专员）	£ 3m
一线职能	£ 26m
合计	£ 29m

续表

说明	估计的年度成本	
捍议的模式的成本		
法律投诉办公室	(1)	£ 23m
说明和假设 (1) 在这种模式下，将不再需要法律服务监察专员和法律服务投诉专员，但是他们的部分角色已经包括在投诉团体的费用中，以高级咨询时间表示。根据法律投诉办公室有 360 名工作人员和 9 名理事会成员的假定人数计算。		

表 4　惩戒

说明	估计的年度成本	
当前成本		
惩戒	(2)	£ 6m
说明和假设 (2) 惩戒仍然留给职业团体。基于履行这些职能的现行成本。		

　　本报告是按照审查团队的指示编写的，并仅供审查团队之目的使用。它的发布受上述限制和我们商定的条款和条件的限定。报告的内容不应当被第三方依赖。本报告的内容可能没有考虑到与第三方有关的问题，我们不对任何第三方负责。任何第三方使用本工作报告造成的风险完全由他们自己承担。

　　本审查由宪法事务大臣委托，由独立审查人戴维·克

英格兰和威尔士法律服务规制框架审查最终报告

莱门蒂爵士发布。

编者按：凡是文中出现"他"的地方，都应当同时解读为"他"和"她"。如文本中有引语但未注明出处，则该文本摘自对《协商文件》的有关回应。所称的"出庭律师公会（the General Council of the Bar）"、"出庭律师公会（the Bar Council）"和"事务律师协会（the Law Society）"是指英格兰和威尔士的那些机构。

本报告及《协商问件》可见于本审查活动的网页：
www.legal-services-review.org.uk

本报告的复制件可以从下列地点获得：
Mrs Susan Samuel
Review Team
2nd Floor
Selborne House
54-60 Victoria Street London SW1E 6QW
Tel：020 7210 1454 Fax：020 7210 2664

重要术语对照表

'cab-rank rule' "出租车待雇规则"
'fit to own' test 适合拥有标准
'Head of Finance and Administration'(HOFA) 财务和行政负责人
'Head of Legal Practice'(HOLP) 法律实务负责人
Access to justice 近用司法,诉诸司法
Access to Justice Act 1999 1999年《近用司法法》
accountability 问责制,责任
Adjudication Panel 裁判小组
Administration of Justice Act 1985 1985年《司法法》
Archbishop of Canterbury 坎特伯雷大主教
Attorney General 总检察长
Auditor 约克郡大法官法院法官
Bar Council 出庭律师公会
bencher 主管
business structure 商业结构
chambers 出庭律师工作室

Chartered Institute of Patent Agents（CIPA） 特许专利代理人协会

Chief Executive 首席执行官

Code of Professional Practice 《职业执业机构守则》

Compliance Directorate 合规局

conflicts of interest 利益冲突

consistency 一致性

Consultation Paper 《协商文件》

Consumer Complaints Service（CCS） 消费者投诉服务局

Consumers' Association 消费者协会

Compliance Directorate 合规局

Council for Licensed Conveyancers（CLC） 持照产权转让人理事会

Council of the Inns of Court 出庭律师会馆理事会

Courts and Legal Services Act 1990 1990年《法院和法律服务法》

Customs and Excise Prosecutions Office 海关和消费税检控办公室

Dean of the Arches 大主教法院首席法官

Department for Constitutional Affairs 宪法事务部

Department of Trade and Industry 贸易和工业部

designated professional bodies（DPBs） 指定职业团体，指定职业机构

disciplinary tribunal 惩戒裁判庭

ecclesiastical law 教会法

Ecclesiastical Licences Act 1533　1533年《教会执照法》

employed barrister 受雇出庭律师

EU 8th Company Law Directive　欧盟第8号公司法指令

EU law 欧盟法律

European Community 欧洲共同体

Faculty Office 大主教特许法院办公室

Financial Services Authority（FSA）　金融服务管理局

First DivisionAssociation 高级文官协会

flexibility 灵活性

General Council of the Bar 出庭律师公会

governance structure 治理结构

High Court 高等法院

HM Crown Prosecution Service Inspectorate 内政部皇家检察署稽查处

Home Office 内政部

Immigration Services Commissioner（ISC）　移民服务专员

Inadequateprofessional service（IPS）　职业服务不足

independence 独立性

Inns of Court 出庭律师会馆

Institute of Legal Executives（ILEX）　法务员协会

Institute of Trade Mark Attorneys（ITMA）　商标律师

协会

  Kentridge Report　《肯特里奇报告》

  Law Officers　法律官员

  Law Society　事务律师协会

  lay representative　外行代表，非职业代表

  Legal Disciplinary Practices（LDPs）　法律行业执业机构

  legal profession　法律职业

  legal professional bodies　法律职业团体

  legal professional privilege（LPP）　法律职业特免权

  Legal Secretariat to the Law Officers　法律官员法律秘书处

  legal service provider　法律服务提供者，法律服务供给者

  Legal Services Board（LSB）　法律服务理事会

  Legal Services Commission（LSC）　法律服务委员会

  Legal Services Complaints Commissioner（LSCC）　法律服务投诉专员

  legal services market　法律服务市场

  Legal Services Ombudsman（LSO）　法律服务监察专员

  Master of the Faculties　大主教特许法院聆案官

  Master of the Rolls　掌卷法官

  Model A　模式 A

  Model B+　模式 B+

Multi-Disciplinary Practices (MDPs)　多行业执业机构
National Consumer Council (NCC)　全国消费者委员会
negligence　疏忽
not-for-profit sector　非营利领域
Office for Legal Complaints (OLC)　法律投诉办公室
Office for the Supervision of Solicitors (OSS)　事务律师监督办公室
Office of the Immigration Services Commissioner　移民服务专员办公室
outside owner　外部所有者
oversight regulatory arrangement　监督规制安排
partnership　合伙
practice　执业机构
practise　执业
primary legislation　首要立法，一级立法
Professional Conduct and Complaints Committee (PCC)　职业行为和投诉委员会
QC　王室法律顾问，皇家大律师
Recognised front-line Body (RB)　被认可的一线团体
Regulator　规制者
regulatory framework　规制框架
regulatory functions　规制职能
regulatory responsibility　规制责任
representative functions　代表职能

reserved legal services　保留的法律服务

rights of audience　出庭发言权

rule of law　法治

Scoping Study　《范围界定研究》

Secretary of State for Constitutional Affairs　宪法事务大臣

simplicity　简约性

solicitor　事务律师

Solicitor General　副总检察长

Solicitors Disciplinary Tribunal（SDT）　事务律师惩戒裁判庭

Solicitors' Practice Rules　《事务律师执业规则》

Terms of Reference　权限范围

Treasury Solicitor's Department　政府法务官部

visitor　巡视员